KUWASHII

くわしい
中2英語

ENGLISH

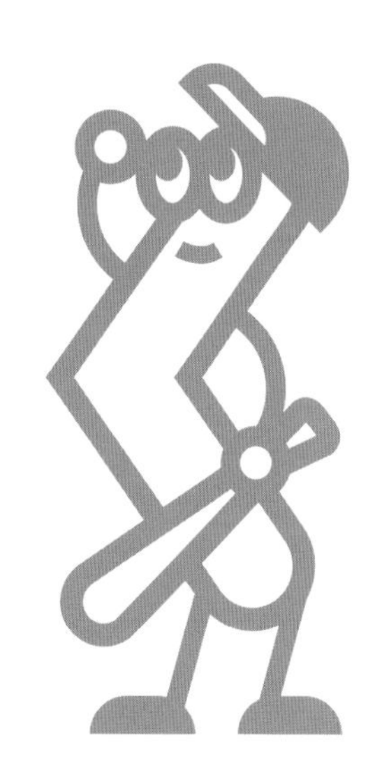

金谷 憲　編著

文英堂

本書の特色と使い方

圧倒的な「くわしさ」で，考える力が身につく

本書は，豊富な情報量を，わかりやすい文章でまとめています。丸暗記ではなく，しっかりと理解しながら学習を進められるので，知識がより深まります。

本文

学習しやすいよう，見開き構成にしています。重要用語や大事なことがらには色をつけているので，要点がおさえられます。また，豊富な図や写真でしっかりと理解することができます。

基本例文

この単元で学ぶ英語表現が，**実際の場面ではどのように使われるか**を示しています。各章扉のQRコードから，英語音声もチェックしておきましょう。

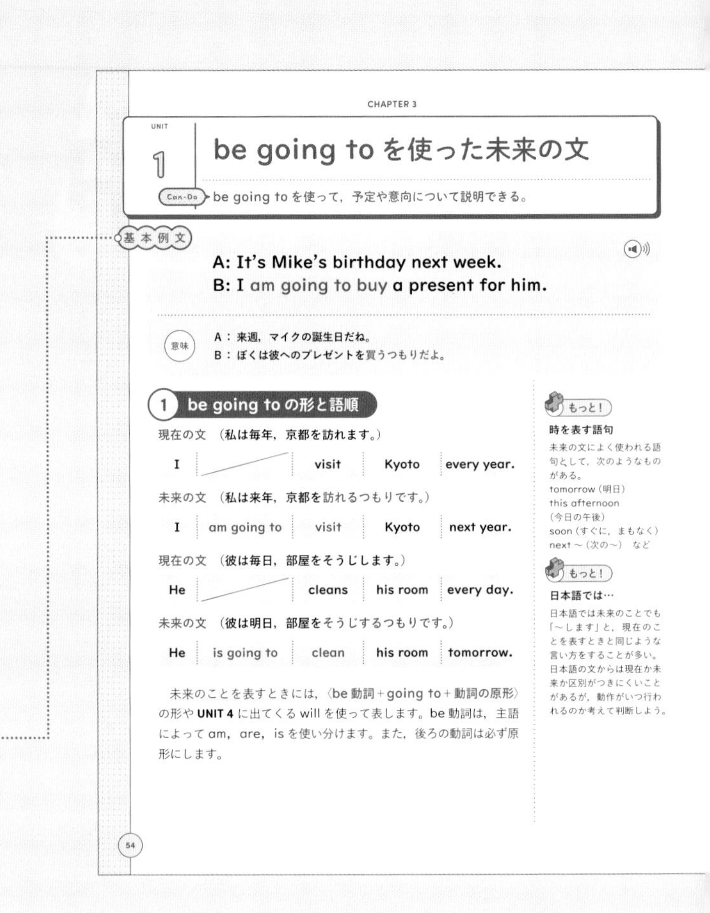

CHAPTER 3

UNIT 1 be going to を使った未来の文

Can-Do be going to を使って，予定や意向について説明できる。

基本例文

A: It's Mike's birthday next week.
B: I am going to buy a present for him.

意味
A：来週，マイクの誕生日だね。
B：ぼくは彼へのプレゼントを買うつもりだよ。

1 be going to の形と語順

現在の文 （私は毎年，京都を訪れます。）

I		visit	Kyoto	every year.

未来の文 （私は来年，京都を訪れるつもりです。）

I	am going to	visit	Kyoto	next year.

現在の文 （彼は毎日，部屋をそうじします。）

He		cleans	his room	every day.

未来の文 （彼は明日，部屋をそうじするつもりです。）

He	is going to	clean	his room	tomorrow.

未来のことを表すときには，〈be 動詞＋going to＋動詞の原形〉の形や **UNIT 4** に出てくる will を使って表します。be 動詞は，主語によって am，are，is を使い分けます。また，後ろの動詞は必ず原形にします。

もっと！
時を表す語句
未来の文によく使われる語句として，次のようなものがある。
tomorrow（明日）
this afternoon
（今日の午後）
soon（すぐに，まもなく）
next ～（次の～） など

もっと！
日本語では…
日本語では未来のことでも「～します」と，現在のことを表すときと同じような言い方をすることが多い。日本語の文からは現在か未来か区別がつきにくいことがあるが，動作がいつ行われるのか考えて判断しよう。

54

この章の整理 CHAPTER 3 未来を表す文

I am going to buy a present for her.

It's going to rain.

I'm not going to watch TV tonight.

He isn't going to see the doctor.
He's not going to see the doctor.

Are you going to swim?
— Yes, I am.

What are you going to do tomorrow?

章の整理

各章の学習内容のまとめです。**例文＆ひとこと解説**で，この章で学んだことをふり返り，頭の中を整理しましょう。

あるある 誤答ランキング

He is going to cleans his room tomorrow.

He is going to clean his room tomorrow.

We going to visit Okinawa next month.

We are going to visit Okinawa next month.

Nick will plays basketball this afternoon.

Nick will play basketball this afternoon.

あるある誤答ランキング

中学校の先生方がテストなどで実際に見かける，“ありがちなまちがい”を紹介しています。**まちがい防止**に役立てましょう。

HOW TO USE

くーくん

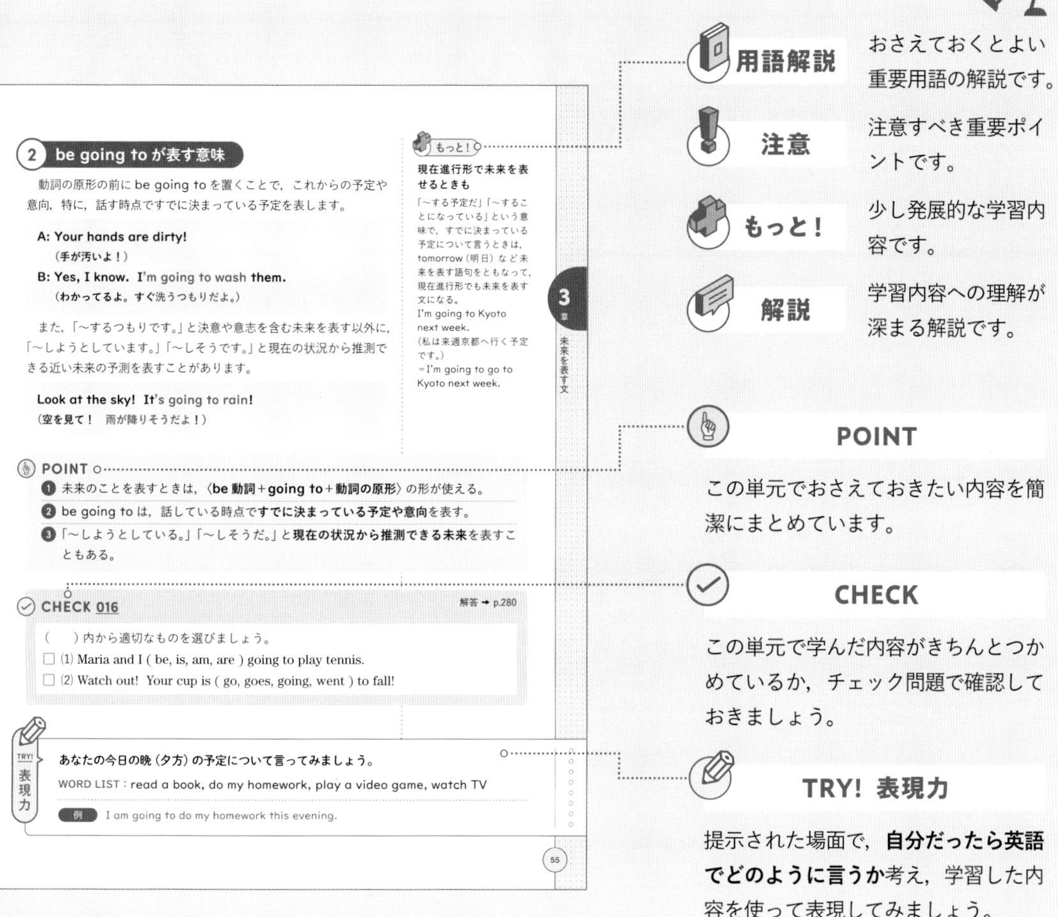
2 be going to が表す意味
動詞の原形の前に be going to を置くことで，これからの予定や意向，特に，話す時点ですでに決まっている予定を表します。
A: Your hands are dirty!
（手が汚いよ！）
B: Yes, I know. I'm going to wash them.
（わかってるよ。すぐ洗うつもりだよ。）
また，「～するつもりです。」と決意や意志を含む未来を表す以外に，「～しようとしています。」「～しそうです。」と現在の状況から推測できる近い未来の予測を表すことがあります。
Look at the sky! It's going to rain!
（空を見て！ 雨が降りそうだよ！）
もっと！
現在進行形で未来を表せるときも
「～する予定だ」「～することになっている」という意味で，すでに決まっている予定について言うときは，tomorrow（明日）など未来を表す語句をともなって，現在進行形でも未来を表す文になる。
I'm going to Kyoto next week.
（私は来週京都へ行く予定です。）
＝I'm going to go to Kyoto next week.
3 章 未来を表す文
POINT
1 未来のことを表すときは，〈be 動詞＋going to＋動詞の原形〉の形が使える。
2 be going to は，話している時点ですでに決まっている予定や意向を表す。
3 「～しようとしている。」「～しそうだ。」と現在の状況から推測できる未来を表すこともある。
CHECK 016
解答 ➡ p.280
（ ）内から適切なものを選びましょう。
(1) Maria and I (be, is, am, are) going to play tennis.
(2) Watch out! Your cup is (go, goes, going, went) to fall!
TRY! 表現力
あなたの今日の晩（夕方）の予定について言ってみましょう。
WORD LIST：read a book, do my homework, play a video game, watch TV
例 I am going to do my homework this evening.
55

用語解説 おさえておくとよい重要用語の解説です。

注意 注意すべき重要ポイントです。

もっと！ 少し発展的な学習内容です。

解説 学習内容への理解が深まる解説です。

POINT

この単元でおさえておきたい内容を簡潔にまとめています。

CHECK

この単元で学んだ内容がきちんとつかめているか，チェック問題で確認しておきましょう。

TRY! 表現力

提示された場面で，**自分だったら英語でどのように言うか**考え，学習した内容を使って表現してみましょう。

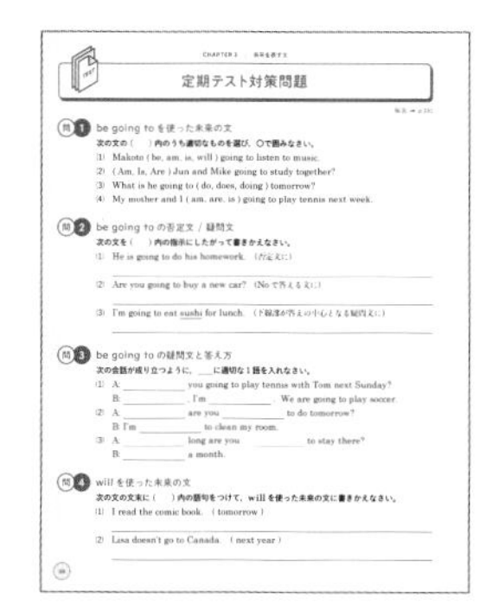
定期テスト対策問題

定期テスト対策問題

現役の中学校の先生方が作った，定期テストの対策問題です。テスト前に取り組んで，知識が身についているかを確かめましょう。

入試問題にチャレンジ 1

入試問題にチャレンジ

巻末には，実際の入試問題を掲載しています。中2英語の**総仕上げ**として，挑戦してみましょう。

もくじ

CONTENTS

6章 いろいろな文の構造

7章 接続詞

8章 不定詞と動名詞

9章 比較

10章 受け身

11章 その他の重要表現

12章 前置詞

13章 品詞の整理

14章 現在完了

15章 会話表現

音声の再生方法について

HOW TO PLAY SOUNDS

各章，各 UNIT の最初に掲載された「基本例文」（ マークがついています）は，
以下の 3 つの方法で，ネイティブ・スピーカーによる英語音声を聞くことができます。

TYPE 1　スマートフォン・タブレットで手軽に再生！

各章の扉に掲載された**QR コードをお手持ちのスマートフォンなどで読みとり**，表示されるURLにアクセスすると，メニュー画面が表示されます。聞きたい音声の ▶ ボタンをタップして，再生を開始してください。
第 15 章「会話表現」では，それぞれのタイトル部分に掲載された**QR コード**を読みとって，該当ページだけの英語音声を聞くこともできます。

TYPE 2　無料リスニングアプリで便利に再生！

音声再生用無料アプリ「**シグマプレーヤー 2**」を使えば，音声を一括ダウンロードできます。音声は「はやい」「ふつう」「ゆっくり」の 3 段階の速度で再生可能です。

リスニングアプリ（音声再生用）　**SigmaPlayer2**

SigmaPlayer2

無料アプリで文英堂の参考書・問題集の音声を聞くことができます。
音声の速度を 3 段階に調整できます。
App Store，Google Play で「シグマプレーヤー」を検索！
●通信料は別途必要です。動作環境は弊社ホームページをご覧ください。● App Store は Apple Inc. のサービスマークです。● Google Play は Google Inc. の商標です。

TYPE 3　パソコンでも再生できる！

文英堂 Web サイトから，MP3 ファイルを一括ダウンロードできますので，スマートフォンやタブレットがなくても，パソコンで音声を聞くことができます。

文英堂 Web サイト　**www.bun-eido.co.jp**

●音声およびアプリは無料でご利用いただけますが，通信料金はお客様のご負担となります。●すべての機器での動作を保証するものではありません。●やむを得ずサービス内容に変更が生じる場合があります。● QR コードは㈱デンソーウェーブの登録商標です。

KUWASHII ENGLISH

中2英語

1章

現在の文

（中1の復習）

基本例文
の音声はこちらから

001

それぞれの英語表現が，実際の場面ではどのように使われるのかチェックしておこう！

UNIT 1

be 動詞の現在形

Can-Do 主語に応じて，be 動詞の現在形の使い分けができる。

基本例文

A: I am fourteen years old. How about him?
B: He is thirteen years old.

意味
A：私は14歳です。彼はどうかな？
B：彼は13歳だよ。

1 be 動詞の形

人称	主語が単数	主語が複数
1人称	I am	we are
2人称	you are	you are
3人称	he [she, it] is this [that] is	they are these [those] are

用語解説

人称（にんしょう）

①1人称は自分，②2人称は話し相手，③3人称は①②以外のすべての人やもののこと。

注意

my sister は3人称！

my sister（私の姉［妹］），your father（あなたのお父さん）などの人称に注意。my sister は「私の姉［妹］」であって「私自身」ではない。I, we（1人称）でもyou（2人称）でもない人やものは，すべて3人称になるので注意しよう。

2 be 動詞の働き

be 動詞には，「A は B です。」と A（主語）と B（説明する語）をイコールでつなげる役割と，「A は～にあります［います］。」と主語がどこにある［いる］のか所在［場所］を説明する役割があります。所在を説明するほうでは，be 動詞のあとに場所を表す語句が続きます。

A と B をつなぐ　(**私はタクマです。**)

I	am	Takuma.
(私は)	＝(イコール)	(タクマ)
He	is	busy.
(彼は)	＝(イコール)	(忙しい)

所在を説明する　(**私の父は庭にいます。**)

My father	is	in the garden.
(私の父は)	(いる)	(庭に)

in the garden の in がないと，父＝庭となってしまいます。

POINT

❶ 現在形の be 動詞は，**主語によって am，are，is を使い分ける。**

❷ be 動詞の役割は，**①イコールで前後をつなぐことと②所在を説明することの 2 つ。**

CHECK 001

解答 ➡ p.278

(　　) 内から適切なものを選びましょう。

☐ (1) You and I (am, are, is) good friends.

☐ (2) My father (am, are, is) tall.

自分や友だちの名前，出身，年齢などを言ってみましょう。

WORD LIST：from, years old

例　I am [I'm] from Osaka. / Kana is fourteen years old.

UNIT 2

be 動詞の現在形の否定文 / 疑問文

Can-Do be 動詞の現在形を使って，まわりの人やものについてのやりとりができる。

基本例文

A: Your shoes are nice! Are they new?
B: No, they aren't.

意味
A：あなたの靴，すてきだね。新しいの？
B：いや，ちがうよ。

1 be 動詞の現在形の否定文

肯定文 （トムはイングランド出身です。）

Tom	is		from England.

否定文 （トムはイングランド出身ではありません。）

Tom	is	not	from England.

「～ではありません」と否定の意味を表すときは，be 動詞のあとに not を置き，〈be 動詞＋not〉の形になります。

2 〈be 動詞＋not〉の短縮形

否定文 （彼らは学生ではありません。）

	They	are	not	students.
＝	They	aren't		students.

is not は isn't，are not は aren't と短縮形にすることがあります。ただし，am not には短縮形がありません。I am not → I'm not と I am を短縮形にすることに注意しましょう。

〈主語＋be 動詞〉の短縮形

I am → I'm の他に，
you are → you're
he is → he's
it is → it's
they are → they're
などがある。
否定文を作るとき，これらの〈主語＋be 動詞〉の短縮形に not をつけることもある。
They are not students.
＝They're not students.

They aren't students.
でも
They're not students.
でもいいんだね。

③ be動詞の現在形の疑問文と答え方

肯定文　（リサはカナダ出身です。）

	Lisa	is	from Canada.

疑問文　（リサはカナダ出身ですか。）

Is	Lisa		from Canada?

答えの文　（はい，そうです。/ いいえ，ちがいます。）

—	Yes,	she	is.
	No,	she	isn't.

「〜ですか」とたずねるときは，be動詞を主語の前に出し，〈**be動詞＋主語〜？**〉の形になります。また，答えるときはbe動詞を使ってYes/Noで答えます。be動詞のあとの語句はふつう省略します。

答えるときは代名詞

左の疑問文に対してYes/Noで答えるときは，主語のLisaを代名詞のsheで受ける。
Yes, Lisa is. とはふつう言わないので注意。

情報をつけ加える

実際の会話では，Yes/Noの一言だけで終わりにせず，相手が知りたいことをつけ加えて答えることが多い。
(例) Is Lisa from Canada?
— Yes, she is. She's from Vancouver.
(リサはカナダ出身ですか。—ええ，そうです。彼女はバンクーバー出身です。)

POINT

1. be動詞の否定文は，**be動詞のあとにnotを置く。**
2. be動詞の疑問文は，**be動詞を主語の前に出す。**
3. be動詞の疑問文には，**be動詞を使ってYes/Noで答える。**

CHECK 002

解答 ➡ p.278

(　　) 内から適切なものを選びましょう。

□ (1) (Is, Are) your mother at home?

□ (2) They (aren't, isn't) students.

TRY! 表現力

自分の家族について，「〜ではありません。」と言ってみましょう。

WORD LIST：from, years old, student, busy

例　My father is not from Tokyo. / My brother is not a student.

UNIT 3

一般動詞の現在形

Can-Do 一般動詞の現在形を使って，状態や動作の説明ができる。

基本例文

A: You speak English very well.
B: Really? Thank you.

意味
A：きみはとても上手に英語を話すね。
B：本当？　ありがとう。

1 一般動詞の現在形

be 動詞以外のすべての動詞を一般動詞といいます。一般動詞にはさまざまな語があり，１つ１つ意味が異なります。

be 動詞の文　（私は学生です。）

I	am	a student.

一般動詞の文　（私は野球が好きです。）

I	like	baseball.

一般動詞の文　（私はピアノをひきます。）

I	play	the piano.

2 現在形の表す意味

現在形と聞くと，「ちょうど今していること」を表すと考えてしまいますが，そうではなく「ふだんくり返し行っていること」や「現在その状態にあること」を表します。話しているときに，その動作をしているとは限りません。

現在の文で使われる語句

現在形で表現するときは，sometimes（ときどき），usually（たいてい，つねに），often（よく）などの頻度を表す語がよく使われる。これらの語は一般動詞の前に置くのが基本である。また，every day（毎日）やevery Sunday（毎週日曜日）など，every～（毎～）もよく使われる。

「ちょうど今していること」を表すのは，現在形ではなくて，「現在進行形」だったね。（➡p.24）

3 一般動詞の語順

一般動詞の文

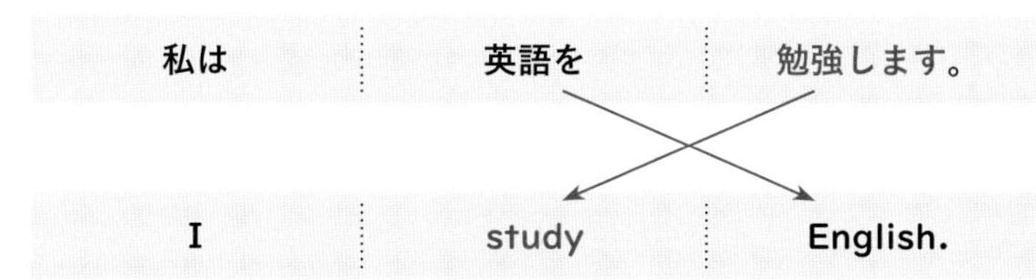

私は
英語を
勉強します。
I
study
English.

英語では，〈だれ［何］が〉，〈どうする〉，〈何を〉の順に文を組み立てることが一般的です。日本語と英語では語順が異なりますので，そのちがいに気をつけましょう。

もっと！

語順のちがい

日本語では，文の最後に動詞が置かれ，肯定か否定かもそこではじめて示されるので，話し手が「～する」のか「～しない」のか，最後まで聞かないとわからない。

→ 私は英語を（勉強します / 勉強しません）。

英語では，主語の次に動詞が来ることが原則のため，最後まで聞かなくても「～する」のか「～しない」のかは先にわかる。

→ I study English.

（私は勉強します，英語を。）

POINT

❶ 一般動詞とは，**be 動詞以外のすべての動詞**のこと。

❷ 一般動詞の現在形は，**ふだんくり返し行っていること**などを表す。

❸ 英語では，〈だれ［何］が〉，〈どうする〉，〈何を〉の順に文を組み立てることが一般的で，日本語とはちがうので気をつける。

CHECK 003

解答 ➡ p.278

（　　）内を正しい順に並べかえましょう。

☐ (1) I (every day / to / go / school).　私は毎日学校に行きます。

☐ (2) I (breakfast / fruit / for / usually / eat).　私はふつう朝食に果物を食べます。

TRY! 表現力

自分が毎日行っている動作を表現してみましょう。

WORD LIST：eat, get up, go, play, sleep, wash

例　I wash my face every day. / I get up at seven every morning.

UNIT

一般動詞の現在形の否定文 / 疑問文

Can-Do 一般動詞の現在形を使って，状態や動作についてのやりとりができる。

基本例文

A: I don't like coffee. Do you like coffee?
B: Yes, I do.

意味
A：私はコーヒーが好きじゃないの。あなたはコーヒーが好き？
B：うん，好きだよ。

1 一般動詞の現在形の否定文

肯定文 （私はテニスをします。）

I			play	tennis.

否定文 （私はテニスをしません。）

I	do	not	play	tennis.

一般動詞の現在形の否定文は，動詞の前に do not [don't] を置きます。be 動詞の否定文の作り方とのちがいに注意しましょう。

一般動詞

否定文	I	don't	speak	Chinese.

be 動詞

否定文	I	am	not	a student.

短縮形 don't

do not の短縮形は don't で，[dóunt ドウント] と発音する。

主語が 3 人称単数のとき

主語が 3 人称で単数のとき，一般動詞の現在形の否定文や疑問文では do ではなくて does を使う。(➡p.22)
He doesn't speak Chinese.
(彼は中国語を話しません。)
Does he speak Chinese?
(彼は中国語を話しますか。)

2 一般動詞の現在形の疑問文と答え方

肯定文　（あなたはバスケットボールが好きです。）

	You	like	basketball.

疑問文　（あなたはバスケットボールが好きですか。）

Do	you	like	basketball?

答えの文　（はい，好きです。）

—	Yes,	I	do.

（いいえ，好きではありません。）

	No,	I	don't.

一般動詞の現在形の疑問文は，主語の前に do を置きます。一般動詞の位置はそのまま。答えるときは，do を使って Yes / No で答えます。

be 動詞の文とのちがい

be 動詞の疑問文の場合は主語と動詞の順序を逆にする。（You are ～. → Are you ～?）
一般動詞の疑問文の場合は do を主語の前につけるだけで，主語と動詞の順序は変わらない。

be 動詞の文とはちがうから，気をつけてね！

POINT

❶ 一般動詞の現在形の否定文は，**動詞の前に do not [don't] を置く。**

❷ 一般動詞の現在形の疑問文は，**主語の前に do を置く。**

CHECK 004

解答 ➜ p.278

（　　）内から適切なものを選びましょう。

☐ (1) I (don't, am not) like vegetables.

☐ (2) (Do, Are) Tom and Jack go to the same school?

TRY! 表現力

「あなたは～しますか。」と毎日していることをたずねてみましょう。

WORD LIST：come, eat, get up, go, play, sleep, wash

例　Do you come to school by bike every day?

UNIT 5

一般動詞の３人称単数現在形

Can-Do 「３単現」の一般動詞を使って，状態や動作についての説明ができる。

基本例文

A: We live in Tokyo. How about Mr. Brown?
B: He lives in Saitama.

意味
A：ぼくたちは東京に住んでいるんだ。ブラウンさんはどうかな？
B：彼は埼玉に住んでいるよ。

1 ３人称単数現在形とは

主語が１人称　（私はギターをひきます。）

I	play	the guitar.

主語が３人称単数　（アミはピアノをひきます。）

Ami	plays	the piano.

３人称単数現在形を略して「３単現」と呼ぶんだね！

主語が１人称（I，we）や２人称（you）ではなく，３人称で単数のときは，一般動詞の現在形はplaysのように語尾にsをつけます。この形を**３人称単数現在形**と呼ぶことがあります。また，語尾のsを**３単現のs**と呼ぶことがあります。

2 ３人称単数現在形の作り方

多くの動詞は，３人称単数現在形のとき，原形の語尾にそのままsをつけます。

come（来る）→ comes	live（住んでいる）→ lives
eat（食べる）→ eats	play（演奏する）→ plays
like（好む）→ likes	use（使う）→ uses

動詞の原形

英語の動詞は，主語や時制（現在・過去など）に応じ，形が変化する。変化していないもとの形を「原形」という。（➜p.273「語形変化のまとめ」）

原形の語尾が s，sh，ch，o，x で終わる動詞には，原形の語尾に es をつけます。

go（行く）	→ **goes**	**wash**（洗う）	→ **washes**
teach（教える）	→ **teaches**	**watch**（見る）	→ **watches**

動詞の語尾が，〈子音字＋y〉で終わる動詞は，y を i に変えて es をつけます。

carry（運ぶ）	→ **carries**	**study**（勉強する）	→ **studies**
cry（泣く）	→ **cries**	**try**（試す）	→ **tries**

have は不規則に変化するので注意しましょう。

have（持っている）→ **has**

子音字

日本語のアイウエオに近い音を持つ文字（a，i，u，e，o）が母音字。それ以外の文字が子音字と呼ばれる。前ページの play の y の前の a は母音字だから，これは〈子音字＋y〉の変化はしない。したがって 3 人称単数現在形は plays となる。

POINT

1. 一般動詞の現在形は，主語が 3 人称で単数のときは**原形の語尾に s をつける。**
2. s のつけ方は，**原形の語尾によって異なる。**
3. have の 3 人称単数現在形は，不規則に変化して **has** となる。

CHECK 005

解答 ➜ p.278

（　）内から適切なものを選びましょう。

☐ (1) Tom (has, have) a dog and a cat.

☐ (2) Maki (study, studies) science.

友だちの Ben が毎朝することを表現してみましょう。

WORD LIST：get up, wash his face, have breakfast, go to school, watch TV

例 Ben has breakfast at 7 a.m. every morning.

UNIT 6

一般動詞の3人称単数現在形の否定文 / 疑問文

Can-Do 「3単現」の一般動詞を使って，状態や動作についてのやりとりができる。

基本例文

**A: My brother doesn't play video games.
He likes sports.**
B: Does he play tennis?

意味
A：ぼくの兄ちゃん［弟］はテレビゲームをしないんだ。スポーツが好きなんだよ。
B：彼はテニスをするの？

1 3人称単数現在形の否定文

肯定文 （ジムはテニスをします。）

Jim			plays	tennis.

否定文 （ジムはテニスをしません。）

Jim	does	not	play	tennis.

主語が3人称単数の一般動詞現在形の否定文は，動詞の前に does not［doesn't］を置きます。さらに，一般動詞の語尾についていたsなどを取って原形にします。

2 has の否定文

肯定文 （メイはすてきなカメラを持っています。）

May		has	a nice camera.

否定文 （メイはすてきなカメラを持っていません。）

May	doesn't	have	a nice camera.

一般動詞の形

3人称単数現在形の否定文・疑問文では，do ではなく does を使い，動詞に s や es はつかない。とてもまちがえやすいので注意が必要。
(○) He doesn't like cats.
(×) He don't likes cats.
(×) He doesn't likes cats.

has

一般動詞の have は主語が3人称単数で現在のとき has になるが，否定文では原形の have に戻る。

③ 3人称単数現在形の疑問文と答え方

肯定文　（あなたのお父さんは野球が好きです。）

	Your father	likes	baseball.

疑問文　（あなたのお父さんは野球が好きですか。）

Does	your father	like	baseball?

答えの文　（はい，好きです。/ いいえ，好きではありません。）

—

Yes,	he	does.

No,	he	doesn't.

主語が3人称単数の一般動詞現在形の疑問文は，主語の前にdoesを置き，後ろの動詞は原形にします。答えるときは，doesを使ってYes/Noで答えます。

注意

現在形≠原形

原形とは，動詞が主語の人称・数や時制によって変化する前の，もともとの形。形が同じものもあるが，現在形のことではないので注意すること。

現在形	原形
am, are, is	**be**
have, has	**have**
play, plays	**play**

POINT

❶ 3人称単数現在形の否定文は，**動詞の前にdoes not [doesn't] を置き，後ろの動詞は原形にする。**

❷ 3人称単数現在形の疑問文は，**主語の前にdoesを置き，後ろの動詞は原形にする。**

CHECK 006

解答 ➜ p.278

（　　）内から適切なものを選びましょう。

☐ (1) Ms. Brown (don't, doesn't) have a dog.

☐ (2) Does Sayo (study, studies) English?

TRY! 表現力

友だちのお兄さんについて，彼が毎日していることをたずねてみましょう。

WORD LIST：clean the room, have breakfast, go to school, watch TV

例　Does your brother watch TV every day?

UNIT 7

現在進行形

Can-Do 現在進行形を使って，進行中の動作やできごとについて説明できる。

基本例文

A: The children are playing in the park.
B: They look happy.

意味
A：子どもたちが公園で遊んでいるよ。
B：楽しそうね。

1 現在進行形の意味

現在形は，ふだん習慣的に行っていることや現在その状態にあることを表します（➡p.16）。それに対し現在進行形は，「（今）～しています。」「～しているところです。」のように，話し手が話している瞬間に，その動作が進行していることを表します。

2 現在進行形の形

現在形　（アンディは毎日ギターをひきます。）

Andy	plays	the guitar	every day.

現在進行形　（アンディは今，ギターをひいています。）

Andy	is	playing	the guitar	now.

現在進行形は，〈be 動詞の現在形＋動詞の ing 形〉を使って表現します。be 動詞は主語によって am, are, is を使い分けます。

3 ing 形の作り方

多くの動詞は，そのまま ing をつけます。

study（勉強する）→ studying　　read（読む）→ reading

注意

進行形にしない動詞

know という動詞は「知っている」という状態を表すので，ふつう進行形にしない。このように，動詞の中にはふつうは進行形にしないものがある。
進行形にしない動詞の例：
like（好きである）
have（持っている）
see（見える）
hear（聞こえる）　など

動詞の ing 形の別名

現在進行形で使われる動詞の ing 形は，「現在分詞」とも呼ばれる。

原形の語尾が e で終わる動詞は，e を取って ing をつけます。

make（作る） → making	**come（来る）→ coming**
practice（練習する）→ practicing	**write（書く）→ writing**

原形の語尾が〈短母音＋子音字〉で終わる動詞は，最後の 1 字を重ねて ing をつけます。

run（走る） → running	**put（置く） → putting**
sit（すわる）→ sitting	**swim（泳ぐ）→ swimming**

原形の語尾が ie で終わる動詞は，ie を y に変えて ing をつけます。

lie（横たわる）→ lying	**tie（結ぶ）→ tying**

〈子音字＋y〉で終わる語

study（勉強する）は，主語が 3 人称単数で現在形の文のとき，studies と y を i に変えて es をつけた。しかし，ing 形の場合は y を i に変える必要はない。そのまま ing をつける。
He studies English.
（彼は英語を勉強します。）
He is studying English.
（彼は英語を勉強しています。）

POINT

1. 現在進行形は，現在まさに**動作をしている最中**であることを表す。
2. 現在進行形は，**〈be 動詞の現在形＋動詞の ing 形〉**の形で表す。
3. 動詞の ing 形は，**動詞の語尾によって ing のつけ方が異なる。**

CHECK 007

解答 ➡ p.278

（　　）内から適切なものを選びましょう。

☐ (1) She is (writes, writing) a letter to her friend.

☐ (2) We are (wait, waiting) for a bus.

今，あなたの友だちがしていることを表現してみましょう。

WORD LIST：read a book, play the piano, play soccer, study English, have lunch

例　Keita is reading a book.

UNIT 8

現在進行形の否定文 / 疑問文

Can-Do 現在進行形を使って，進行中の動作やできごとについてやりとりができる。

基本例文

A: Is Yuto studying now?
B: No, he is not. He is playing a video game.

意味
A：ユウトは今，勉強しているの？
B：いや，してないよ。テレビゲームをしてるよ。

1 現在進行形の否定文

肯定文　（ケンはお母さんを手伝っています。）

Ken	is		helping	his mother.

否定文　（ケンはお母さんを手伝っていません。）

Ken	is	not	helping	his mother.

現在進行形の否定文は，be 動詞のあとに not を置いて，〈be 動詞の現在形＋not＋動詞の ing 形〉の形で表します。

一般動詞・現在形の否定文　（彼らはテニスをしません。）

They	do	not	play	tennis.

現在進行形の否定文　（彼らはテニスをしていません。）

They	are	not	playing	tennis.

一般動詞の現在形の否定文では do[does] を使いましたが，現在進行形の否定文では do[does] は使いません。これは，次のページの疑問文も同じです。

注意

2 通りの短縮形

次の文は，2 通りの短縮形を使って表すことができる。
He is not running.
＝① He isn't running.
＝② He's not running.
①は〈be 動詞＋not〉の短縮形を使った文，②は〈主語＋be 動詞〉の短縮形を使った文。
is と are は，このように 2 通りの短縮形が作れる。しかし，am not には短縮形はないので注意。

2 現在進行形の疑問文と答え方

疑問文　（ジョンは昼食を作っていますか。）

Is	John		cooking	lunch?

答えの文　（はい，作っています。）

—

Yes,	he	is.

（いいえ，作っていません。）

No,	he	isn't.

現在進行形の疑問文は，主語の前に be 動詞を置き，〈**be 動詞の現在形＋主語＋動詞の ing 形～？**〉の形で表します。答えるときは，be 動詞を使って Yes / No で答えます。

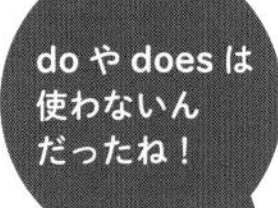

POINT

1. 現在進行形の否定文は，**be 動詞のあとに not を置く。**
2. 現在進行形の疑問文は，**be 動詞を主語の前に出す。**
3. 現在進行形の疑問文には，**be 動詞を使って Yes / No で答える。**

CHECK 008

解答 ➜ p.278

(　　) 内から適切なものを選びましょう。

☐ (1) I am not (play, playing) basketball.

☐ (2) (Is, Does) your father washing his car?

TRY! 表現力

友だちに，「今～しているの？」とたずねてみましょう。

WORD LIST：read a book, play the guitar, study math, have lunch

例　Are you studying math now?

この章の整理 CHAPTER 1

現在の文（中１の復習）

UNIT 1 be 動詞の現在形

I am Aya. This is my friend Ken. 私はアヤです。こちらは友だちのケンです。
We are in the classroom now. 私たちは今，教室にいます。

- be 動詞の現在形には am，are，is の３つがあり，主語によって使い分ける。
- 「A は B です。」とイコールを表す働きと，「(…は) ～にいます［あります］。」と所在を表す働きがある。

UNIT 2 be 動詞の現在形の否定文 / 疑問文

Bob is not [isn't] busy now. ボブは今，忙しくありません。

- be 動詞の否定文は，be 動詞のあとに not を置く。〈be 動詞＋not〉は短縮形を使うこともある。

Is he a baseball player? 彼は野球選手ですか。
— Yes, he is. / No, he isn't. —はい，そうです。/ いいえ，ちがいます。

- be 動詞の疑問文は，〈be 動詞の現在形＋主語～？〉で表し，be 動詞を使って Yes/No で答える。

UNIT 3 一般動詞の現在形

I like music. I play the piano. 私は音楽が好きです。私はピアノをひきます。

- 一般動詞とは，be 動詞以外のすべての動詞のこと。
- 一般動詞の現在形は，ふだん習慣的に行っている動作や状態などを表す。

UNIT 4 一般動詞の現在形の否定文 / 疑問文

I don't [do not] like coffee. 私はコーヒーが好きではありません。

- 一般動詞現在形の否定文は，動詞の前に don't [do not] を置く。

Do you like coffee? — No, I don't. あなたはコーヒーが好きですか。—いいえ，好きではありません。

- 一般動詞現在形の疑問文は，〈Do＋主語＋一般動詞の原形～？〉で表す。
- 答えるときは，do を使って Yes/No で答える。

この章で学習したことを，もう一度チェックしてみよう！

UNIT 5 一般動詞の3人称単数現在形

She plays the piano. 彼女はピアノをひきます。
He has a violin. 彼はバイオリンを持っています。

- 一般動詞の現在形は，主語が3人称で単数のときは，ふつう原形の語尾にsまたはesをつける。
- (e)sのつけ方は原形の語尾により異なる。have-hasのように不規則に変化する動詞もある。

UNIT 6 一般動詞の3人称単数現在形の否定文／疑問文

My brother doesn't play video games. 私の兄［弟］はテレビゲームをしません。

- 3人称単数現在形の否定文は，動詞の前にdoes not[doesn't]を置き，後ろの動詞は原形にする。

Does he play tennis? 彼はテニスをしますか。
— Yes, he does. —はい，します。

- 3人称単数現在形の疑問文は，〈Does＋主語＋一般動詞の原形～？〉で表し，doesを使ってYes/Noで答える。

UNIT 7, 8 現在進行形

Tom is playing in the park. トムは公園で遊んでいます。
They are not eating lunch now. 彼らは今，昼食を食べていません。
Is Ken studying now? ケンは今勉強していますか。

- 現在進行形〈be動詞の現在形＋動詞のing形〉は，現在まさに動作をしている最中であることを表す。
- 否定文は，be動詞のあとにnotを置き，〈be動詞の現在形＋not＋動詞のing形〉で表す。
- 疑問文は，〈be動詞＋主語＋動詞のing形～？〉で表し，be動詞を使ってYes/Noで答える。

定期テスト対策問題

解答 ➡ p.278

問1 be 動詞の現在形

次の文の____に，am，are，is のうち適切なものを入れなさい。

(1) My father ____________ in the garden.

(2) Her cats ____________ cute.

(3) I ____________ a soccer player.

(4) ____________ these books yours? — No, they ____________ not.

問2 be 動詞の現在形の否定文 / 疑問文

次の文を（　　）内の指示にしたがって書きかえなさい。

(1) I'm a junior high school student. （否定文に）

____

(2) Your mother is at home. （疑問文に）

____

問3 一般動詞の現在形

日本語に合うように，（　　）内の語を並べかえなさい。ただし，不要な語が１語ずつあります。

(1) 私は野球が好きです。 (baseball / am / I / like).

______________________________ .

(2) トムと私はオーストラリア出身です。

(I / from / come / Australia / and / is / Tom).

______________________________ .

(3) あなたは３匹の犬を飼っています。

(three / you / dogs / have / don't).

______________________________ .

問4 一般動詞の現在形の否定文 / 疑問文

次の文を（　　）内の指示にしたがって書きかえなさい。

(1) We watch TV. （否定文に）

____

(2) You like Japanese food. （疑問文に）

____

問 5 一般動詞の 3 人称単数現在形

次の文の（　　）内のうち適切なものを選び，〇で囲みなさい。

(1) He (read, reads) a newspaper every morning.

(2) Ken and Kumi (watch, watching, watches) TV every morning.

問 6 一般動詞の 3 人称単数現在形の否定文・疑問文

次の文を（　　）内の指示にしたがって書きかえなさい。

(1) Tom likes baseball.（否定文に）

____

(2) My brother plays the guitar.（否定文に）

____

(3) Ms. Sato teaches Japanese.（疑問文に）

____

(4) Mr. Brown likes *natto*.（疑問文に）

____

問 7 現在進行形

次の文を（　　）内の指示にしたがって書きかえなさい。

(1) I study English every day.（every day を now にかえて現在進行形の文に）

____

(2) He is playing baseball now.（now を every day にかえて現在形の文に）

____

問 8 現在進行形の否定文 / 疑問文

日本語に合うように，____に適切な 1 語を入れなさい。

(1) 彼らは今，バスケットボールをしていません。

They ________ ________ basketball now.

(2) クミは今，テレビを見ていません。

Kumi ________ ________ TV now.

(3) ケンは今，何をしていますか。

What ________ Ken ________ now?

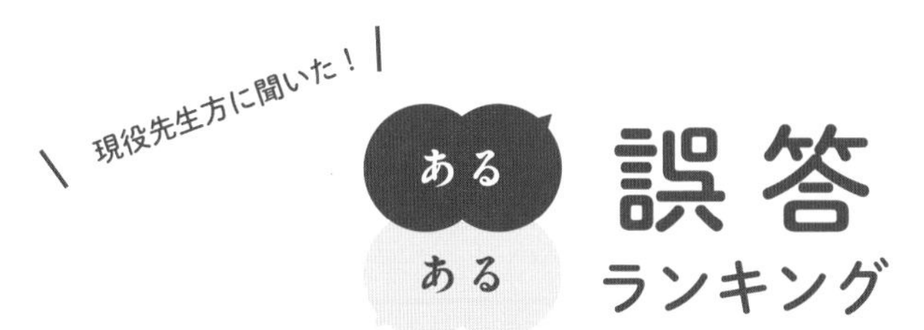

中学校の先生方が,「あるある!」と思ってしまう,生徒たちのよくありがちな誤答例です。「自分は大丈夫?」としっかり確認して,まちがい防止に役立ててください。

第 1 位

問題　次の日本文を英語に直しなさい。
私は日本出身です。

× I from Japan.

正しい英文：**I am [I'm] from Japan.**

be 動詞が抜けてしまうことがよくありますが,英語の文には,必ず動詞が必要です。特に be 動詞を使う文は注意しましょう。

第 2 位

問題　次の日本文を英語に直しなさい。
あなたは野球をしますか。

× Are you play baseball?

正しい英文：**Do you play baseball?**

一般動詞の疑問文は,Do か Does で始めます。be 動詞の疑問文（Are you ～？など）と混同しないように注意しましょう。

第 3 位

問題　次の日本文を英語に直しなさい。
彼女は英語を話しますか。

× Does she speaks English?

正しい英文：**Does she speak English?**

疑問文の中の動詞の形はいつも原形。主語が 3 人称単数でも,動詞に s をつけてはいけません。

KUWASHII ENGLISH

中2英語

2章

過去の文

（中1の復習）

基本例文
の音声はこちらから

002

それぞれの英語表現が，実際の場面ではどのように使われるのかチェックしておこう！

UNIT 1

一般動詞の過去形（規則動詞）

Can-Do 一般動詞の過去形を使って，過去の状態や動作の説明ができる。

基本例文

A: I got up at five this morning.
B: You look sleepy.

意味
A：私，今朝5時に起きたの。
B：眠そうだね。

1 規則動詞の過去形

現在形　（私は毎日テニスをします。）

I	play	tennis	every day.

過去形　（私は昨日テニスをしました。）

I	played	tennis	yesterday.

「～しました。」と過去のことをいうときは，動詞を過去形にします。一般動詞は，規則的に変化して過去形を作る**規則動詞**と，不規則に変化する**不規則動詞**（➡p.36）の2種類があります。

規則動詞の過去形は，playedのように語尾にedをつけます。

2 規則動詞の過去形の作り方

多くの動詞は，原形の語尾にそのままedをつけます。

clean（そうじする）→ cleaned　　visit（訪れる）→ visited
help（助ける）→ helped　　watch（見る）→ watched
play（演奏する）→ played　　work（働く）→ worked

注意

現在形の文とのちがい

現在の文では，主語がheやsheなど3人称単数のとき動詞の語尾にsがついたが，過去の文では主語が何であっても動詞の形は同じ。

過去の文では，主語がIでもheやsheでも，動詞の形は変わらないんだね。

原形の語尾が e で終わる動詞には，語尾に d だけつけます。

dance（おどる）→ **danced**	**live**（住んでいる）→ **lived**
like（好む）→ **liked**	**use**（使う）→ **used**

動詞の語尾が〈子音字＋y〉で終わる動詞は，y を i に変えて ed をつけます。

carry（運ぶ）→ **carried**	**study**（勉強する）→ **studied**
cry（泣く）→ **cried**	**try**（試す）→ **tried**

動詞の語尾が〈短母音＋子音字〉で終わる動詞は，最後の子音字を重ねて ed をつけます。

plan（計画する）→ **planned**	**stop**（止まる）→ **stopped**

もっと！

子音字を重ねないもの

語尾が〈短母音＋子音字〉であっても，visit[vízit ヴィズィット]（訪問する）のように，その短母音にアクセントがない場合は子音字を重ねない。
（○）visited
（×）visitted

POINT

❶ 過去のことを言うときは，動詞を**過去形にする。**

❷ 一般動詞には，**規則動詞と不規則動詞**がある。

❸ 規則動詞の過去形は，多くの場合，**語尾に ed をつける。**

CHECK 009

解答 ➜ p.279

下線部を yesterday にかえて，全文を書きかえましょう。

☐ (1) My father plays the violin every day.

☐ (2) We study English every day.

TRY! 表現力

昨日あなたがしたことについて表現してみましょう。

WORD LIST：study math, wash my face, use my computer, clean my room, watch TV

例 I watched TV last night.

UNIT 2

一般動詞の過去形（不規則動詞）

Can-Do 一般動詞の過去形を使って，過去の状態や動作を説明できる。

基本例文

A: You wore a very nice jacket last night.
B: Thank you. My mother bought it.

意味
A：昨日の夜，きみはとてもすてきなジャケットを着ていたね。
B：ありがとう。お母さんが買ってくれたの。

1 不規則動詞の過去形

現在形　（彼らは毎日，公園へ行きます。）

They	go	to the park	every day.

過去形　（彼らは昨日，公園へ行きました。）

They	went	to the park	yesterday.

一般動詞のうち，go（行く）→ went，come（来る）→ came など，不規則に変化して過去形を作るものを不規則動詞といいます。

まったくちがう
つづりや発音に
なってしまうも
のがあるんだね。

2 不規則動詞の変化

不規則動詞は，変化のしかたによって大きく3つに分けることができます。

①形が大きく変わるもの

buy（買う）	→ bought	say（言う）	→ said
do（する）	→ did	see（見る）	→ saw
eat（食べる）	→ ate	speak（話す）	→ spoke
go（行く）	→ went	take（とる）	→ took

注意

said の発音

say[séi セイ] の過去形 said は [séd セッド] と読む。[セイド] ではないので注意。

②母音が１字変わるもの

begin（始める）	→ began	know（知っている）	→ knew
come（来る）	→ came	run（走る）	→ ran
get（得る）	→ got	sit（すわる）	→ sat
give（与える）	→ gave	write（書く）	→ wrote

③形が変わらないもの

cut（切る）	→ cut	read（読む）	→ read
put（置く）	→ put	shut（閉める）	→ shut

read の過去形

不規則動詞 read（読む）の過去形は，つづりは原形と同じだが，発音は異なる。
原形　：read [ríːd] リード
過去形：read [réd] レッド

覚えにくい不規則動詞の変化は，書いて覚えるのがおすすめだよ！

POINT

❶ 不規則に変化して過去形を作る動詞を**不規則動詞**という。
❷ 不規則動詞の**変化のしかたは大きく分けて３つ**ある。
❸ **原形と過去形が同じ形の動詞もある**ので要注意。

CHECK 010

解答 ➜ p.279

（　　）内から適切なものを選びましょう。

☐ (1) He (writes, wrote) a letter last night.
☐ (2) She (cut, cuts) the cake for her mother yesterday.

TRY! 表現力

昨日あなたがしたことについて表現してみましょう。

WORD LIST：get up, have breakfast, go to school, read a comic book, buy a new bag

例　I bought a new bag yesterday.

UNIT 3

一般動詞の過去形の否定文 / 疑問文

Can-Do 一般動詞の過去形を使って，過去の状態や動作についてのやりとりができる。

基本例文

A: I didn't go out yesterday. Did you go out?
B: Yes, I did. I went to the movies.

意味
A：昨日，ぼくは出かけなかったんだ。きみは出かけたの？
B：うん，出かけたよ。映画を見に行ったんだ。

1 一般動詞の過去形の否定文

肯定文 （私は昨日，テニスをしました。）

I		played	tennis	yesterday.

否定文 （私は昨日，テニスをしませんでした。）

I	did not	play	tennis	yesterday.
= I	didn't	play	tennis	yesterday.

一般動詞の過去形の否定文は，動詞の前に did not[didn't] を置き，後ろの動詞は原形にします。

肯定文 （ユキは先週，かばんを買いました。）

Yuki		bought	a bag	last week.

否定文 （ユキは先週，かばんを買いませんでした。）

Yuki	didn't	buy	a bag	last week.

不規則動詞でも否定文の作り方は同じです。後ろの動詞は必ず原形にします。

過去を表す語句

過去の文でよく使われる語句には次のようなものがある。
yesterday（昨日）
then（そのとき）
at that time（そのとき）
last ～（昨～，先～）
～ ago（～前） など

動詞の前に did not[didn't] を入れるんだったね！

2 一般動詞の過去形の疑問文と答え方

疑問文　(あなたは昨夜，英語を勉強しましたか。)

Did	you	study	English	last night?

答えの文　(はい，しました。)

— Yes,	I	did.

(いいえ，しませんでした。)

No,	I	did	not.

一般動詞の過去の疑問文は，主語の前に did を置き，後ろの動詞は原形にします。答えるときは，did を使って Yes/No で答えます。

did の 2 つの働き

do[does] には否定文や疑問文を作る働きと，「する」の意味の動詞の働きとがあるが，did も同じ。
Did you do homework yesterday?
(あなたは昨日宿題をしましたか。)
I did a lot of homework.
(私はたくさんの宿題をしました。)

POINT

1. 一般動詞の過去形の否定文は，**動詞の前に did not [didn't] を置き，後ろの動詞は原形にする。**
2. 一般動詞の過去形の疑問文は，**主語の前に did を置き，後ろの動詞は原形にする。**

CHECK 011

解答 ➜ p.279

(　　) 内から適切なものを選びましょう。

☐ (1) (Does, Did) Helen come to the party yesterday?
☐ (2) We (don't, didn't) go to the bank last week.

TRY! 表現力

昨日あなたがしなかったことについて言ってみましょう。

WORD LIST : have breakfast, study math, use my computer, clean my room

例　I didn't study math yesterday.

UNIT

4

be 動詞の過去形

Can-Do be 動詞の過去形を使って，過去のできごとや状態について説明できる。

基本例文

A: The weather was nice last week.
B: It is rainy today.

意味
A：先週は天気がよかったね。
B：今日は雨もようだけれどね。

1 be 動詞の過去形の種類

現在形 （ジャックは今，忙しいです。）

Jack	is	busy	now.

過去形 （ジャックは昨日，忙しかったです。）

Jack	was	busy	yesterday.

現在形 （私たちは今，幸せです。）

We	are	happy	now.

過去形 （私たちはそのとき，幸せでした。）

We	were	happy	then.

「～でした。」「～にいました。」と過去のことを表すには，be 動詞の過去形 was, were を使います。

主語が I または 3 人称単数の場合は **was**，you または複数の主語の場合は **were** を使います。つまり，am と is の過去形が was, are の過去形が were です。

用語解説

be 動詞

現在形は am, are, is，過去形は was, were だが，原形は be という形。原形が be なので「be 動詞」と呼ばれる。（➡p.12）

be 動詞の過去形は，was か were だよ。

2 be 動詞の過去形の意味

「～でした」　（エミは昨日，病気でした。）

Emi	was	sick	yesterday.

「～にいました」（彼らはそのとき，体育館にいました。）

They	were	in the gym	then.

be 動詞の過去形には，「～でした。」と「～にいました。」の 2 つの意味があります。

「～にいました。」の意味のときは，後ろに場所を表す語句がいっしょに使われます。

be 動詞には，「エミ＝病気だった」のように前後をイコールでつなぐ働きと，所在を示す働きの 2 つがあるんだったね。

POINT

1. 「～でした。」「～にいました。」と過去のことについて言うときは，**be 動詞の過去形**を使う。
2. am と is の過去形は **was**，are の過去形は **were** である。
3. 「～にいました。」と言うときには，〈**be 動詞の過去形＋場所を表す語句**〉の形を使う。

CHECK 012

解答 ➜ p.279

（　　）内から適切なものを選びましょう。

- □ (1) I (am, was) very tired last night.
- □ (2) Your books (was, were) on the desk.

TRY! 表現力

あなたの友だちや家族の昨年の年齢について言ってみましょう。

WORD LIST：last year, years old, father, mother, brother, sister

例　My father was forty-five years old last year.

UNIT 5

be 動詞の過去形の否定文 / 疑問文

Can-Do be 動詞の過去形を使って，過去のできごとや状態についてやりとりできる。

基本例文

A: Were you at home last night?
B: Yes, I was. I went to bed early.

意味
A：きみは昨日の夜，家にいた？
B：うん，いたよ。早く寝たんだ。

1 be 動詞の過去形の否定文

肯定文 （私の父は昨日，ひまでした。）

My father	was	／	free	yesterday.

否定文 （私の父は昨日，ひまではありませんでした。）

My father	was	not	free	yesterday.
＝ My father	wasn't		free	yesterday.

「～ではありませんでした。」「～にいませんでした。」という否定の意味を表すときには，was[were] の後ろに not を置きます。
was not の短縮形は **wasn't**, were not の短縮形は **weren't** です。

2 be 動詞の過去形の疑問文

肯定文 （ショウタはサッカーファンでした。）

／	Shota	was	a soccer fan.

疑問文 （ショウタはサッカーファンでしたか。）

Was	Shota	／	a soccer fan?

〈主語＋be 動詞〉の短縮形
現在形の文では，I'm（＝I am），you're（＝you are）などの短縮形があったが，I was, you were の短縮形はないので注意！

I was や you were には短縮形はないんだね。

「～でしたか［にいましたか］。」とたずねるときには，was［were］を主語の前に置きます。

❸ be 動詞の過去形の疑問文の答え方

疑問文　（**メグは先週の日曜日，横浜にいましたか。**）

Was	Meg	in Yokohama	last Sunday?

答えの文　（**はい，いました。**）

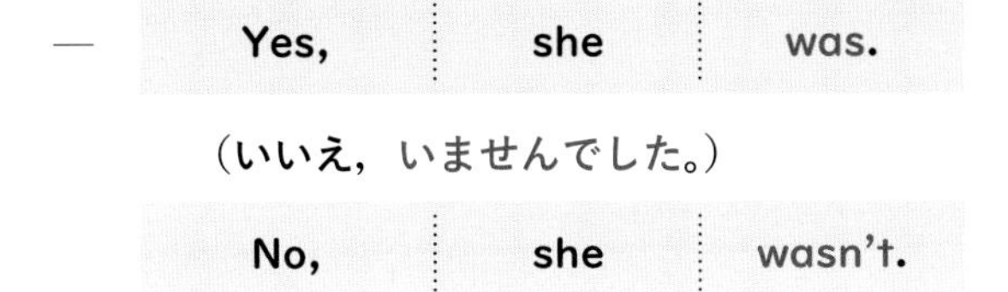

—	Yes,	she	was.

（**いいえ，いませんでした。**）

No,	she	wasn't.

Was［Were］～？ の疑問文には，was［were］を使って Yes / No で答えます。

注意

答えの文では代名詞！

答えるときは，現在形の文と同じく主語を代名詞に変えるようにする。
(×) Yes, Meg was.
(○) Yes, she was.

POINT

❶ be 動詞の過去形の否定文は，**be 動詞 was［were］の後ろに not を置く。**
❷ be 動詞の過去形の疑問文は，**be 動詞 was［were］を主語の前に置く。**
❸ Was［Were］～？の疑問文には，**was［were］を使って Yes / No で答える。**

CHECK 013

解答 ➜ p.279

（　　）内から適切なものを選びましょう。

☐ (1) I (am not, was not) in Paris last year.
☐ (2) (Was, Were) Sue and Steve at the party?

TRY! 表現力

友だちに「この前の金曜日に～にいましたか。」とたずねてみましょう。

WORD LIST : in the library, at home, at school, in Osaka

例　Were you in the library last Friday?

UNIT 6

過去進行形の意味と形

Can-Do 過去進行形を使って，過去のあるときに進行していたことを説明できる。

基本例文

A: Where were you at 4 p.m. yesterday?
B: I was in the library then. I was reading a book.

意味
A：きみは昨日の午後4時にどこにいたの？
B：そのときぼくは図書館にいたよ。本を読んでいたんだ。

1 過去進行形と過去形

過去形　（リサは昨日，ピアノをひきました。）

Lisa	played	the piano	yesterday.

過去進行形　（リサはそのとき，ピアノをひいていました。）

Lisa	was	playing	the piano	at that time.

過去形は，過去のできごとや習慣的に行っていた動作を表します。それに対し過去進行形は，「～していました。」というふうに過去のある一時点で動作が進行中であったことを表します。

2 過去進行形と現在進行形

現在進行形　（マイは今，公園で走っています。）

Mai	is	running	in the park	now.

過去進行形　（マイはそのとき，公園で走っていました。）

Mai	was	running	in the park	at that time.

現在進行形では現在形のbe動詞am, are, isを使いますが，過去進行形では過去形のbe動詞was, wereを使います。

時を表す語句

過去進行形では，過去のいつの時点かを明らかにするために時を表す語句が必要になることが多い（➡p.38）。ただし，文脈によっては，直前までの文で時が示されていて，過去進行形の文には時を表す語句がないこともある。

過去進行形は，過去のある時に「～していた」ということを表すんだね。

3 過去進行形の形

主語	be 動詞	動詞の ing 形	
I	was	cooking	lunch.
You	were		
He / She など 3 人称単数	was		
We / You / They など複数	were		

主語に合わせて、was か were かどちらかを選ぼう！

過去進行形の文では，主語によって be 動詞の was と were を使い分けます。

POINT

1. 過去進行形は，**過去のある一時点で動作が進行中**であったことを表す。
2. 過去進行形は，〈**be 動詞の過去形＋動詞の ing 形**〉の形で表す。
3. 主語によって **was と were を使い分ける。**

CHECK 014

解答 ➜ p.279

（　　）内から適切なものを選びましょう。

☐ (1) His sisters (is, am, are, was, were) watching TV then.

☐ (2) I (is, am, are, was, were) running in the park at 5 p.m. yesterday.

昨日の夜 9 時に自分がしていたことを言ってみましょう。

WORD LIST：read a book, do my homework, have dinner, take a bath, watch TV

例 I was watching TV at 9 p.m. yesterday.

UNIT 7

過去進行形の否定文 / 疑問文

Can-Do 過去進行形を使って，過去のあるときに進行していたことについてやりとりできる。

基本例文

A: Were you studying at 10:30 yesterday?
B: No, I wasn't studying. I was watching TV.

意味
A：きみは昨日の10時30分に勉強していたの？
B：いや，ぼくは勉強していなかったよ。テレビを見ていたな。

1 過去進行形の否定文

肯定文 （リクはそのとき眠っていました。）

Riku	was		sleeping	at that time.

否定文 （リクはそのとき眠っていませんでした。）

Riku	was	not	sleeping	at that time.

「～していませんでした。」という過去進行形の否定文は，be 動詞の過去形のあとに not を置いて，〈**be 動詞の過去形＋not＋動詞の ing 形**〉の形で表します。

過去形の否定文 （私は昨日テニスをしませんでした。）

I	did	not	play	tennis	yesterday.

過去進行形の否定文（私はそのときテニスをしていませんでした。）

I	was	not	playing	tennis	at that time.

過去形の否定文では did を使いましたが，過去進行形の否定文では did は使いません。これは，次のページの疑問文も同じです。

否定の短縮形

was not, were not は，口語では wasn't ワズント，weren't ワ～ントと短縮形にして言うことが多い。

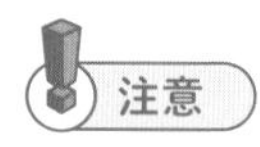

過去形と過去進行形

did not を使う一般動詞過去形の否定文の作り方と，was [were] not を使う過去進行形の否定文の作り方を，混同しないように気をつけよう。

2 過去進行形の疑問文と答え方

疑問文　（ミユはそのとき数学を勉強していましたか。）

Was	Miyu	／	studying	math	at that time?

答えの文　（はい，していました。）

—	Yes,	she	was.

（いいえ，していませんでした。）

No,	she	was	not.

過去進行形の疑問文は，主語の前に be 動詞の過去形を置き，〈**be 動詞の過去形＋主語＋動詞の ing 形〜？**〉の形で表します。答えるときは，be 動詞の過去形を使って Yes / No で答えます。

現在進行形と過去進行形

否定文は〈be 動詞＋not＋動詞の ing 形〉，疑問文は〈be 動詞＋主語＋動詞の ing 形〜？〉の形で，現在進行形も過去進行形も共通。be 動詞が現在形か過去形かが異なるだけ。

答えるときは，主語を she，he，they など，代名詞にするのを忘れないで！

POINT

1. 過去進行形の否定文は，**be 動詞の過去形のあとに not を置く。**
2. 過去進行形の疑問文は，**be 動詞の過去形を主語の前に出す。**
3. 過去進行形の疑問文には，**be 動詞の過去形を使って Yes / No で答える。**

CHECK 015

解答 ➜ p.279

(　　) 内から適切なものを選びましょう。

☐ (1) I was not (take, took, taking) a bath.

☐ (2) Was Tom (write, wrote, writing) a letter?

TRY! 表現力

友だちに，「昨日の夜 8 時に〜していたの？」とたずねてみましょう。

WORD LIST：read a book, do your homework, have dinner, take a bath, watch TV

例　Were you doing your homework at 8 p.m. yesterday?

2章 過去の文（中1の復習）

この章の整理 CHAPTER 2

過去の文（中1の復習）

UNIT 1 一般動詞の過去形（規則動詞）

I played tennis yesterday. 私は昨日テニスをしました。

● 「～しました。」と過去のことをいうときは，動詞を過去形にする。

live - lived / try - tried / plan - planned 住んでいた / 試した / 計画した

● 規則動詞の過去形は，語尾に ed をつけるのが基本だが，ed のつけ方は原形の語尾によって異なる。

UNIT 2 一般動詞の過去形（不規則動詞）

She bought a new jacket. 彼女は新しいジャケットを買いました。

● 過去形を作るときに原形の最後に ed をつけず，不規則に変化するものを不規則動詞という。

see - saw / come - came / read [ríːd リード] **- read** [réd レッド] 見た / 来た / 読んだ

● 不規則動詞は変化の仕方に規則性がないので，1語1語覚える。

UNIT 3 一般動詞の過去形の否定文 / 疑問文

I didn't go to school yesterday. 私は昨日学校に行きませんでした。

Did you call me? — No, I didn't. あなたは私に電話しましたか。—いいえ，していません。

● 一般動詞の過去の否定文は，〈主語＋did not [didn't]＋動詞の原形～.〉で表す。疑問文は，〈Did＋主語＋一般動詞の原形～？〉で表し，did を使って Yes/No で答える。

UNIT 4 be 動詞の過去形

The weather was nice last week. 先週は天気がよかったです。

● 「～でした。」「～にいました。」と過去についていうときは，be 動詞の過去形 was [were] を使う。

この章で学習したことを，もう一度チェックしてみよう！

UNIT 5 be 動詞の過去形の否定文 / 疑問文

He wasn't [was not] free yesterday. 彼は昨日，ひまではありませんでした。

● be 動詞の過去の否定文は，〈主語＋wasn't [weren't] ～.〉で表す。

Were you at home then? あなたはそのとき家にいましたか。
— Yes, I was. —はい，いました。

● be 動詞の過去の疑問文は，〈Was [Were]＋主語～？〉で表し，was [were] を使って Yes/No で答える。

UNIT 6 過去進行形の意味と形

I was reading a book at nine. 私は 9 時に本を読んでいました。
They were eating dinner then. 彼らはそのとき夕食を食べていました。

●「～していました。」と過去のある一時点で動作が進行中であったことを表すには，過去進行形を使う。
● 過去進行形は，〈主語＋was [were]＋動詞の ing 形～.〉で表す。
● 現在進行形と過去進行形とのちがいは，be 動詞の時制が現在（am, are, is）か過去（was, were）かである。

UNIT 7 過去進行形の否定文 / 疑問文

Ren was not sleeping then. レンはそのとき眠っていませんでした。

● 過去進行形の否定文は，〈主語＋was [were]＋not＋動詞の ing 形～.〉で表す。

Were you studying? あなたは勉強していましたか。
— Yes, I was. —はい，していました。

● 過去進行形の疑問文は，〈Was [Were]＋主語＋動詞の ing 形～？〉で表し，was [were] を使って Yes/No で答える。

定期テスト対策問題

解答 ➞ p.279

問 1 一般動詞の過去形（規則動詞）

日本語に合うように，（　　）内のうち適切なものを選び，○で囲みなさい。

⑴ 私は昨日，宿題を終わらせました。
I (finish, finished, finishes) my homework yesterday.

⑵ 彼は昨日，学校まで歩きました。
He (walk, walks, walked) to school yesterday.

⑶ リサは先週，ニックとテニスをしました。
Lisa (play, plays, played) tennis with Nick last week.

問 2 一般動詞の過去形（不規則動詞）

次の絵を見て，下のマナミさんの日記の一部を完成させなさい。

⑴ I ________ to the zoo with my family.

⑵ We ________ koalas. They were cute!

⑶ After that, we ________ steaks for dinner.

問 3 一般動詞の過去形の否定文 / 疑問文

次の文を（　　）内の指示にしたがって書きかえなさい。

⑴ Kumi used her computer last night. （否定文に）

____

⑵ Does your father go to the gym every day? （every day を yesterday にかえて）

____

⑶ Jane went to Kyoto last year. （下線部が答えの中心となる疑問文に）
（下線部：to Kyoto）

____

問4 be 動詞の過去形

次の文の＿＿に，am，is，are，was，were のうち適切なものを入れなさい。

(1) I ＿＿＿＿＿＿＿ with Bob last Saturday.

(2) It ＿＿＿＿＿＿＿ hot yesterday.

(3) I have two brothers. Their names ＿＿＿＿＿＿＿ Nick and Tom.

(4) Erika and I ＿＿＿＿＿＿＿ elementary school students two years ago.

問5 be 動詞の過去形の否定文 / 疑問文

次の日本語を英語にしなさい。

(1) その少年たちは昨日，図書館にいましたか。 ―はい，いました。

＿＿＿＿＿＿＿＿＿＿＿＿＿＿＿＿＿＿＿＿＿＿＿＿＿＿＿＿＿＿

(2) その医者は昨日，ひまではありませんでした。

＿＿＿＿＿＿＿＿＿＿＿＿＿＿＿＿＿＿＿＿＿＿＿＿＿＿＿＿＿＿

問6 過去進行形

(　　) 内の語を適する形にして＿＿に入れなさい。

(1) Ted was ＿＿＿＿＿＿＿ a letter. (write)

(2) I ＿＿＿＿＿＿＿ reading a comic book at that time. (am)

(3) What were you ＿＿＿＿＿＿＿ last night? (do)

問7 過去進行形の否定文 / 疑問文

次の文を (　　) 内の指示にしたがって書きかえなさい。

(1) Did you watch TV? (過去進行形の疑問文に)

＿＿＿＿＿＿＿＿＿＿＿＿＿＿＿＿＿＿＿＿＿＿＿＿＿＿＿＿＿＿

(2) He was having dinner then. (否定文に)

＿＿＿＿＿＿＿＿＿＿＿＿＿＿＿＿＿＿＿＿＿＿＿＿＿＿＿＿＿＿

問8 過去進行形の文

日本語に合うように，(　　) 内の語句を並べかえなさい。

(1) 私の妹はステージでピアノをひいていました。

(sister / on / was / the stage / my / playing / the piano).

＿＿＿＿＿＿＿＿＿＿＿＿＿＿＿＿＿＿＿＿＿＿＿＿＿＿＿＿＿＿.

(2) あなたは新しいコンピューターを使っていましたか。

(you / computer / were / new / using / a)?

＿＿＿＿＿＿＿＿＿＿＿＿＿＿＿＿＿＿＿＿＿＿＿＿＿＿＿＿＿＿?

現役先生方に聞いた！
ある
ある
誤答
ランキング

中学校の先生方が，「あるある！」と思ってしまう，生徒たちのよくありがちな誤答例です。「自分は大丈夫？」としっかり確認して，まちがい防止に役立ててください。

第1位

問題 次の日本文を英語に直しなさい。
私は先週，東京へ行きました。

I goed to Tokyo last week.

あるある！

正しい英文： **I went to Tokyo last week.**

過去形には，規則動詞と不規則動詞があります。この場合は不規則動詞の go なので，went になります。ほかの不規則動詞も，もう一度整理しておきましょう。

第2位

問題 次の日本文を英語に直しなさい。
あなたは昨夜，英語を勉強しましたか。

Were you study English last night?

あるある！

正しい英文： **Did you study English last night?**

この文は，一般動詞の過去の疑問文ですので，be 動詞は使用しません。〈Did＋主語＋動詞の原形～？〉となります。

第3位

問題 次の日本文を英語に直しなさい。
リサと私は2時間前，図書館にいました。

Lisa and I was in the library two hours ago.

あるある！

正しい英文： **Lisa and I were in the library two hours ago.**

過去を表す be 動詞は，was と were があります。主語に I があるからといって was にしてはいけません。この場合は Lisa と I で複数なので，were となります。

KUWASHII
ENGLISH

中2
英語

3章

未来を表す文

基本例文
の音声はこちらから

003

それぞれの英語表現が，実際の場面ではどのように使われるのかチェックしておこう！

UNIT 1

be going to を使った未来の文

Can-Do　be going to を使って，予定や意向について説明できる。

基本例文

A: It's Mike's birthday next week.
B: I am going to buy a present for him.

意味
A：来週，マイクの誕生日だね。
B：ぼくは彼へのプレゼントを買うつもりだよ。

1 be going to の形と語順

現在の文　（私は毎年，京都を訪れます。）

I	／	visit	Kyoto	every year.

未来の文　（私は来年，京都を訪れるつもりです。）

I	am going to	visit	Kyoto	next year.

現在の文　（彼は毎日，部屋をそうじします。）

He	／	cleans	his room	every day.

未来の文　（彼は明日，部屋をそうじするつもりです。）

He	is going to	clean	his room	tomorrow.

未来のことを表すときには，〈be 動詞＋going to＋動詞の原形〉の形や **UNIT 4** に出てくる will を使って表します。be 動詞は，主語によって am，are，is を使い分けます。また，後ろの動詞は必ず原形にします。

時を表す語句

未来の文によく使われる語句として，次のようなものがある。
tomorrow（明日）
this afternoon（今日の午後）
soon（すぐに，まもなく）
next ～（次の～）　など

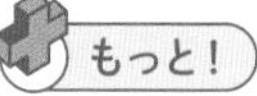

日本語では…

日本語では未来のことでも「～します」と，現在のことを表すときと同じような言い方をすることが多い。日本語の文からは現在か未来か区別がつきにくいことがあるが，動作がいつ行われるのか考えて判断しよう。

2 be going to が表す意味

動詞の原形の前に be going to を置くことで，これからの予定や意向，特に，話す時点ですでに決まっている予定を表します。

A: Your hands are dirty!
（手が汚いよ！）
B: Yes, I know. I'm going to wash them.
（わかってるよ。すぐ洗うつもりだよ。）

また，「～するつもりです。」と決意や意志を含む未来を表す以外に，「～しようとしています。」「～しそうです。」と現在の状況から推測できる近い未来の予測を表すことがあります。

Look at the sky! It's going to rain!
（空を見て！　雨が降りそうだよ！）

現在進行形で未来を表せるときも

「～する予定だ」「～することになっている」という意味で，すでに決まっている予定について言うときは，tomorrow（明日）など未来を表す語句をともなって，現在進行形でも未来を表す文になる。
I'm going to Kyoto next week.
（私は来週京都へ行く予定です。）
＝I'm going to go to Kyoto next week.

POINT

1. 未来のことを表すときは，〈**be 動詞＋going to＋動詞の原形**〉の形が使える。
2. be going to は，話している時点で**すでに決まっている予定や意向**を表す。
3. 「～しようとしている。」「～しそうだ。」と**現在の状況から推測できる未来**を表すこともある。

CHECK 016

解答 ➜ p.280

（　　）内から適切なものを選びましょう。

□ (1) Maria and I (be, is, am, are) going to play tennis.
□ (2) Watch out! Your cup is (go, goes, going, went) to fall!

あなたの今日の晩（夕方）の予定について言ってみましょう。

WORD LIST：read a book, do my homework, play a video game, watch TV

例　I am going to do my homework this evening.

UNIT 2

be going to の否定文

Can-Do ▶ be going to を使って，これからする予定や意向のないことを説明できる。

基本例文

A: I'm not going to watch TV tonight.
B: Really? Do you have a test tomorrow?

意味
A：ぼくは今夜はテレビを見るつもりはないよ。
B：本当？　明日テストがあるの？

1 未来を表す be going to の否定文

肯定文　（私は今日，母を手伝うつもりです。）

I	am	／	going to	help my mother	today.

否定文　（私は今日，母を手伝うつもりではありません。）

I	am	not	going to	help my mother	today.

肯定文　（今日は雨が降るでしょう。）

It	is	／	going to	rain	today.

否定文　（今日は雨が降らないでしょう。）

It	is	not	going to	rain	today.

be going to の否定文は，be 動詞のあとに not を入れて，〈**be 動詞＋not going to＋動詞の原形**〉の形で表します。going to や，その後ろにある動詞の原形は，形も位置も変わりません。

日本語にすると，「〜するつもりではありません。」「〜しないでしょう。」となります。

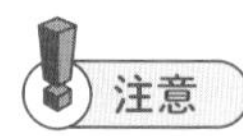

not を入れる位置

〈be going to＋動詞の原形〉の文を否定文にするには，be 動詞の後ろに not を入れる。動詞の原形の前に not を入れないように気をつけよう。
(○) It is not going to rain.
(×) It is going to not rain.

not を入れる位置をまちがえないように注意！

2 be not going to ～ の短縮形

否定文 （**彼は今日すしを食べるつもりではありません。**）

He	**is**	**not**	**going to**	**eat sushi**	**today.**
= **He**	**isn't**		**going to**	**eat sushi**	**today.**
= **He's**		**not**	**going to**	**eat sushi**	**today.**

〈be 動詞＋not〉は短縮形で表す場合があります。ただし，am not には短縮形はありません。

また，〈主語＋be 動詞〉を短縮形にすることもあります。

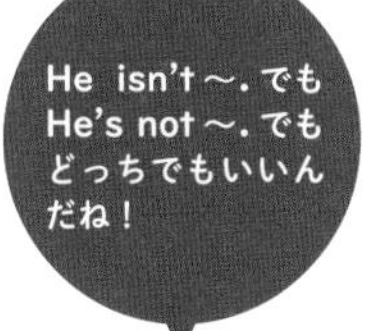

He isn't～. でも
He's not～. でも
どっちでもいいん
だね！

POINT

1. be going to の文を否定文にするには，**be 動詞のあとに not** を入れる。
2. 意味は，「**～するつもりではありません。**」「**～しないでしょう。**」となる。
3. **〈be 動詞＋not〉の短縮形**，または**〈主語＋be 動詞〉の短縮形**が使われることがある。

CHECK 017

解答 → p.280

（　　）内から適切なものを選びましょう。

□ (1) Maki (is, am, are, does) not going to play tennis.

□ (2) You (don't, isn't, aren't) going to play soccer.

あなたが今日するつもりのないことを言ってみましょう。

WORD LIST：read a book, eat sweets, play a video game, watch TV

例 I am not going to eat sweets today.

UNIT 3

be going to の疑問文

Can-Do be going to を使って，これからの予定や意向をたずねることができる。

基本例文

A: How long are you going to stay in Australia?
B: For a week.

意味
A：きみはオーストラリアにどれくらい滞在する予定なの？
B：１週間だよ。

1 未来を表す be going to の疑問文

肯定文 （マイクは明日，料理をするつもりです。）

／	Mike	is	going to	cook	tomorrow.

疑問文 （マイクは明日，料理をするつもりですか。）

Is	Mike	／	going to	cook	tomorrow?

be going to の疑問文は，be 動詞を主語の前に出して，〈be 動詞＋主語＋going to＋動詞の原形～？〉の形で表します。日本語にすると，「～するつもりですか。」「～するでしょうか。」となります。

2 be going to の疑問文の答え方

be going to の疑問文には，be 動詞を使って Yes/No で答えます。ふつう，going to 以下は省略します。

Are you going to watch TV tonight?
（あなたは今夜，テレビを見るつもりですか。）
―**Yes, I am.** （はい，そのつもりです。）
No, I am not. （いいえ，そのつもりではありません。）

答えるときは，going to 以下は省略するよ。

3 疑問詞で始まる疑問文

疑問詞は文のはじめに置き，そのあとはふつうの疑問文と同じ形を続けて，〈**疑問詞＋be 動詞＋主語＋going to＋動詞の原形～？**〉の形になります。

What are **you going to do this summer?**
（**あなたはこの夏に**何をする予定ですか。）
— **I'm** going to **travel to Italy with my family.**
（**私は家族とイタリアへ旅行**する予定です。）
Where is **he** going to **sleep?**
（**彼は**どこで**寝る**つもりですか。）
— **He** is going to **sleep in the living room.**
（**彼は居間で寝る**つもりです。）

Who で始まる疑問文

疑問詞 who が主語の場合は，後ろは be going to ～ というように，肯定文の語順になる。
Who is going to sing next?
（次にだれが歌いますか。）

who が主語だと語順が逆にならないんだね。

POINT

❶ be going to の文を疑問文にするには，**be 動詞を主語の前に出す。**
❷ 答えるときは，**be 動詞を使って Yes / No で答える。**
❸ 疑問詞で始まる疑問文は，〈**疑問詞＋be 動詞＋主語＋going to＋動詞の原形～？**〉の形になる。

CHECK 018

解答 ➜ p.280

（　　）内を正しい順に並べかえましょう。
☐ (1) (going / Junko and Lisa / study / are / to) together?
☐ (2) (to / are / going / where / go / you) next summer?

TRY! 表現力

友だちの週末の予定についてたずねてみましょう。

WORD LIST：this weekend

例 What are you going to do this weekend?

UNIT

will を使った未来の文

Can-Do will を使って，予定や意志について説明できる。

基本例文

A: Yuki came back to Japan.
B: Really? I will call her this evening.

意味
A：ユキが日本に帰ってきたよ。
B：本当？　今晩彼女に電話してみるよ。

1 形と語順

現在の文　（彼女は毎日，学校へ行きます。）

She		goes	to school	every day.

未来の文　（彼女は明日，学校へ行くでしょう。）

She	will	go	to school	tomorrow.

未来のことを表すときには，動詞の原形の前に will を置いて〈will＋動詞の原形〉とします。このとき，will のあとの動詞は必ず原形にします。また，主語が何であっても will の形は変わりません。

2 will が表す意味

will には 2 つの意味があります。どちらの意味かは文の前後関係から判断します。

①意志未来「〜するつもりだ」←主語の意志
　I will study hard.　（私は一生懸命勉強するつもりです。）
②単純未来「〜（する）だろう」←時がたてば自然にそうなるという予測
　We will be busy tomorrow.　（私たちは明日，忙しいでしょう。）

(e)s はつけない

左の例文のように，主語が3人称単数の場合でも，
（×）will goes
とはならないことに注意。

意志未来・単純未来

①意志未来：「〜するつもりだ」と，話し手が話しながら決めた意志を含む未来。
②単純未来：「〜だろう」という話し手の推測を含む未来の予測。

3 will と be going to のちがい

①『意志未来』の場合

I am going to call him this evening.

（私は今晩，彼に電話する予定なんだ。）

→ be going to ～ は，前から決めていた計画を表すときに使います。

I will call him later.　（後で彼に電話するよ。）

→ will は，話しているその場で決めた自分の意志を表します。

②『単純未来』の場合

It is going to rain soon.　（今にも雨が降りそうだ。）

→ be going to ～ は，現在の状況から推測できる近い未来の予測を表します。

He will be 14 next month.　（彼は来月で14歳だよ。）

→ will は，話し手の意志に関係のない未来を表します。

〈主語＋will〉の短縮形

主語が I のとき，I'll [＝I will] という短縮形になることが多い。他に，次のようなものがある。

you'll＝ you will
we'll＝ we will
he'll＝ he will
she'll＝ she will
it'll＝ it will
they'll＝they will

will と be going to はどちらも未来を表すけど，ニュアンスに微妙なちがいがあるんだね。

POINT

1. 未来のことを表すときは，〈**will＋動詞の原形**〉の形を使う。
2. will には**意志未来**と**単純未来**の 2 つの意味がある。
3. 未来を表す **will と be going to では使い方とニュアンスにちがいがある。**

CHECK 019

解答 ➜ p.280

(　　) 内を正しい順に並べかえましょう。

□ (1) (a / become / he / soccer player / will / good).

□ (2) You can call me tonight. (at / be / home / I'll).

TRY! 表現力

今週末の天気予報を見て，どんな天気になるか言ってみましょう。

WORD LIST：next Sunday, rain, snow

例　It will snow next Sunday.

UNIT 5

will の否定文

Can-Do will を使って，これからする予定や意志のないことを説明できる。

基本例文

A: Lisa will not come to the party tonight.
B: Oh, is she busy?

意味
A：リサは今夜のパーティーには来ないだろうね。
B：あれ，彼女，忙しいの？

1 will の否定文

肯定文 （彼女はここに来るでしょう。）

She	will		come	here.

否定文 （彼女はここに来ないでしょう。）

She	will	not	come	here.

肯定文 （私たちはそのお祭りに行きます。）

We	will		go	to the festival.

否定文 （私たちはそのお祭りに行きません。）

We	will	not	go	to the festival.

「～しないだろう。」「～しないつもりだ。」と未来のことを打ち消すには，will のあとに not を置き，〈will not＋動詞の原形〉の形にします。

2 will not の短縮形

will not は won't と短縮形で使われることもあります。

won't の発音

won't は [wóunt ウォウント] と発音する。
「ほしい」の意味を表す want [wánt ワント] とまちがえないように気をつけよう。

will not の短縮形は won't になるよ！

I will not [won't] go to the concert tomorrow.
(私は明日，コンサートに行くつもりはありません。)

注意

won'tにアクセント

左の用法のwon'tを含む文では，won'tの部分を強く読む。

3 拒絶を表すwon't

will notの短縮形であるwon'tは，「どうしても～しようとしない」という意味を表すことがあります。

① **Mika doesn't listen to me.**
(ミカは私の言うことを聞きません。)

② **Mika won't listen to me.**
(ミカは私の言うことをどうしても聞こうとしません。)

上の2つの例文では，ミカが私の言うことを聞かない様子が異なります。①は，彼女の意志はわからず，ただ聞かないという事実だけです。②は，何らかのゆずれない理由から，とにかく聞かないという彼女の強い意志が表れています。

POINT

1. willの否定文は〈**will not＋動詞の原形**〉の形で表す。
2. will notは**短縮形won't**が使われることもある。
3. won'tは「**どうしても～しようとしない**」という意味を表すことがある。

CHECK 020

解答 ➜ p.280

(　　)内に適切な語を入れて文を完成させましょう。

□ (1) We (　　　　) (　　　　) go hiking if it rains tomorrow.

□ (2) I'm going away for a few days. I (　　　　) be here until Saturday.

TRY! 表現力

「今日の午後は晴れないようです。」をwillを使って表現してみましょう。

WORD LIST：sunny

例 It will not be sunny this afternoon.

UNIT 6

will の疑問文

Can-Do will を使って，これからの予定や意志をたずねることができる。

基本例文

A: Will we take the bus tomorrow?
B: Yes, we will.

意味
A：明日，私たちはバスに乗る？
B：うん，乗るよ。

1 will の疑問文

肯定文　（彼らは放課後，テニスをするでしょう。）

	They	will	play	tennis	after school.

疑問文　（彼らは放課後，テニスをするでしょうか。）

Will	they		play	tennis	after school?

「～するでしょうか。」と未来のことをたずねるときには，will を主語の前に出して，〈Will＋主語＋動詞の原形～？〉の形にします。

2 will の疑問文の答え方

will の疑問文には，will を使って答え，Yes, ～ will. / No, ～ will not. とします。

Will she clean her room?
(彼女は自分の部屋をそうじするでしょうか。)
— Yes, she will.　(はい，するでしょう。)
No, she will not [won't].　(いいえ，しないでしょう。)

will not は多くの場合，won't と短縮形にして使われます。

注意

can と同じ

will の否定文や疑問文の作り方は，can の文と同じ。will も can も後ろの動詞は必ず原形であることに注意。

Will you ～？の疑問文

Will you ～？は，「～しませんか。」という勧誘や，「～してくれますか。」という依頼の意味を込めて未来のことをたずねるときにも使う。（➜p.80）

3 疑問詞で始まる疑問文

疑問詞は文のはじめに置き，そのあとはふつうの疑問文と同じ形を続けて，〈**疑問詞＋will＋主語＋動詞の原形～？**〉の形になります。

Where will you go next summer?
（今度の夏，あなたはどこに行くつもりですか。）
— I will [I'll] go to India.
（インドに行くつもりです。）

未来の文には，次のような未来を表す語句が使われることが多い。

tomorrow（明日） **the day after tomorrow（あさって）**
next year（来年） **next month（来月）** **next week（来週）**
in an hour（1時間したら） **in the future（将来）**
this afternoon（今日の午後） **soon（すぐに）**
some day（いつか） など

未来を表す
いろいろな
表現，覚え
ておこう！

POINT

1. will の文を疑問文にするには，**will を主語の前に出す。**
2. 答えるときは，**will を使って Yes / No で答える。**
3. 疑問詞で始まる疑問文は，〈**疑問詞＋will＋主語＋動詞の原形～？**〉の形になる。

CHECK 021

解答 → p.280

（　）内を正しい順に並べかえましょう。

□ (1) (come / she / the party / will / to)?
□ (2) (will / stay / in / where / you) Osaka?

TRY! 表現力

「明日晴れるでしょうか。」とたずねてみましょう。

WORD LIST：it, sunny, tomorrow

例 Will it be sunny tomorrow?

この章の整理 CHAPTER 3

未来を表す文

UNIT 1 be going to を使った未来の文

I am going to buy a present for her. 私は彼女へのプレゼントを買うつもりです。

- 未来のことを表すときは，〈be 動詞＋going to＋動詞の原形〉で表す。
- be going to は，「～するつもりです。」と，話している時点ですでに決まっている予定や意向を表す。

It's going to rain. 雨が降りそうです。

- 「～しようとしています，～しそうです。」と現在の状況から推測できる未来を表すこともある。

UNIT 2 be going to の否定文

I'm not going to watch TV tonight. 私は今夜テレビを見るつもりはありません。

- be going to の否定文は，〈be 動詞＋not going to＋動詞の原形〉で表す。
- 「～するつもりではありません［しないつもりです］。」，「～しないでしょう。」という意味を表す。

He isn't going to see the doctor. 彼は医者に行くつもりはありません。
He's not going to see the doctor. 彼は医者に行くつもりはありません。

- 〈be 動詞＋not〉の短縮形，または〈主語＋be 動詞〉の短縮形が使われることがある。

UNIT 3 be going to の疑問文

Are you going to swim? あなたは泳ぐつもりですか。
— Yes, I am. —はい，そのつもりです。

- be going to の疑問文は〈be 動詞＋主語＋going to＋動詞の原形～？〉で表す。
- 答えるときは，be 動詞を使って Yes / No で答える。ふつう，going to 以下は省略する。

What are you going to do tomorrow? あなたは明日，何をする予定ですか。

- 疑問詞で始まる疑問文は，〈疑問詞＋be 動詞＋主語＋going to＋動詞の原形～？〉で表す。

この章で学習したことを，もう一度チェックしてみよう！

UNIT 4 will を使った未来の文

I will call her this evening. 私は今晩，彼女に電話するつもりです。

- 未来のことについていうときは，〈will＋動詞の原形〉で表す。

I will study hard. 私は一生懸命勉強するつもりです。
It will rain tomorrow. 明日は雨が降るでしょう。

- will には意志未来「～するつもりだ」と，単純未来「～（する）だろう」の 2 つの意味がある。
- 意志未来の場合，will は話しているその場で決めた自分の意志を表す。
- 単純未来の場合，will は話し手の意志に関係のない未来の予測を表す。

UNIT 5 will の否定文

Lisa will not [won't] come to this party. リサはこのパーティーには来ないでしょう。

- will の否定文は，〈will not＋動詞の原形〉で表す。
- will not は短縮形 won't が使われることがある。

He won't tell me his name. 彼はどうしても自分の名前を私に言おうとしません。

- won't は「どうしても～しようとしません」という意味を表すことがある。

UNIT 6 will の疑問文

Will you visit him? — No, I won't. あなたは彼を訪ねるつもりですか。—いいえ，そのつもりはありません。

- will の疑問文は〈Will＋主語＋動詞の原形～？〉で表す。
- 答えるときは，will を使って Yes/No で答える。

When will you visit her? あなたはいつ彼女を訪ねるつもりですか。
— I will [I'll] visit her next week. —私は来週彼女を訪ねるつもりです。

- 疑問詞で始まる疑問文は，〈疑問詞＋will＋主語＋動詞の原形～？〉で表す。

定期テスト対策問題

解答 ➡ p.280

問 1 be going to を使った未来の文

次の文の（　　）内のうち適切なものを選び，〇で囲みなさい。

(1) Makoto (be, am, is, will) going to listen to music.

(2) (Am, Is, Are) Jun and Mike going to study together?

(3) What is he going to (do, does, doing) tomorrow?

(4) My mother and I (am, are, is) going to play tennis next week.

問 2 be going to の否定文 / 疑問文

次の文を（　　）内の指示にしたがって書きかえなさい。

(1) He is going to do his homework.（否定文に）

____

(2) Are you going to buy a new car?（No で答える文に）

____

(3) I'm going to eat sushi for lunch.（下線部が答えの中心となる疑問文に）

____

問 3 be going to の疑問文と答え方

次の会話が成り立つように，____に適切な１語を入れなさい。

(1) A: ________ you going to play tennis with Tom next Sunday?
B: ________ , I'm ________ . We are going to play soccer.

(2) A: ________ are you ________ to do tomorrow?
B: I'm ________ to clean my room.

(3) A: ________ long are you ________ to stay there?
B: ________ a month.

問 4 will を使った未来の文

次の文の文末に（　　）内の語句をつけて，will を使った未来の文に書きかえなさい。

(1) I read the comic book.（ tomorrow ）

____

(2) Lisa doesn't go to Canada.（ next year ）

____

(3) Is she busy? (this afternoon)

____

(4) Where do they play basketball? (next Sunday)

____

問 5 be going to と will

次の絵に合う未来の文になるように，＿＿に適切な語を書きなさい。

(1) Takeshi ______ ______ baseball in the afternoon.

(2) The car ______ ______ left.

(3) It ______ ______ ______ rain.

問 6 will を使った未来の文

次の文の（　）内のうち適切なものを選び，○で囲みなさい。

(1) I'm thirsty. —Don't drink coffee. You (will, won't) be able to sleep.

(2) You can call me tonight. I (will, won't) be at home.

(3) I have an exam next week. I (will, won't) study hard.

問 7 will の否定文 / 疑問文

日本語に合うように，＿＿に適切な１語を入れなさい。

(1) あなたは明日，その公園に行くつもりですか。

______ you ______ to the park tomorrow?

(2) 今晩，雪は降らないでしょう。

It ______ ______ this evening.

(3) あなたは夕食に何を食べるつもりですか。

______ ______ you ______ for dinner?

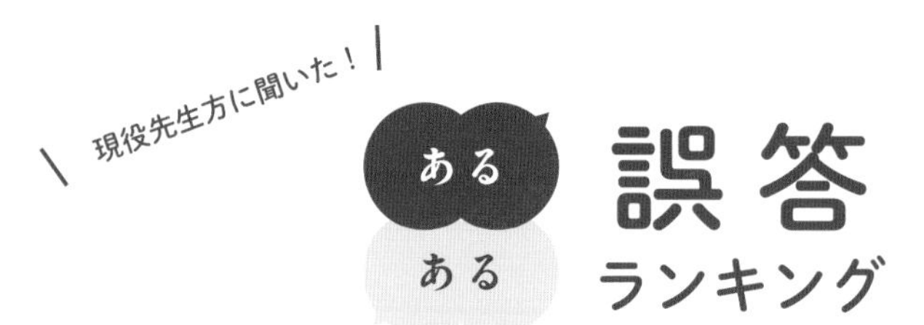
現役先生方に聞いた！
ある
ある
誤答
ランキング

中学校の先生方が，「あるある！」と思ってしまう，生徒たちのよくありがちな誤答例です。「自分は大丈夫？」としっかり確認して，まちがい防止に役立ててください。

第 1 位

問題　次の日本文を英語に直しなさい。
彼は明日，部屋をそうじするつもりです。

He is going to cleans his room tomorrow.

あるある！

正しい英文：　**He is going to clean his room tomorrow.**

〈主語＋be 動詞＋going to＋動詞の原形〉が基本の形です。主語が 3 人称単数でも，動詞は原形のままとなります。

第 2 位

問題　次の日本文を英語に直しなさい。
私たちは来月，沖縄を訪れます。

We going to visit Okinawa next month.

あるある！

正しい英文：　**We are going to visit Okinawa next month.**

未来のことを表すときは，〈be 動詞＋going to＋動詞の原形〉の形が使えます。be 動詞を忘れてしまうミスがよくあるので注意しましょう。この文では are が入ります。

第 3 位

問題　次の日本文を英語に直しなさい。
ニックは今日の午後，バスケットボールをします。

Nick will plays basketball this afternoon.

あるある！

正しい英文：　**Nick will play basketball this afternoon.**

主語が 3 人称単数でも，will のあとの動詞は原形となります。この場合は，play になります。

4
章

助動詞を使った表現

基本例文
の音声はこちらから

004

それぞれの英語表現が，実際の場面ではどのように使われるのかチェックしておこう！

UNIT 1

can / be able to

Can-Do 「～することができる」と表現できる。

基本例文

① **Rin can speak Chinese.**
② **Sota is able to play the piano well.**

意味
① リンは中国語を話すことができます。
② ソウタは上手にピアノをひくことができます。

1 can の意味と文の形

You can swim fast. （あなたは速く泳げます。） 〈能力・可能〉
You can use my phone. （私の電話を使ってもいいですよ。）〈許可〉
Can it be true? （いったいそれは本当だろうか。） 〈強い疑い〉
— **No, it can't be true.** （いや，そんなはずはない。）

can は助動詞。〈can＋動詞の原形〉で「～することができる」ですが，〈能力・可能〉以外の意味を動詞につけ加えることもできます。

【否定文】 **I cannot [can't] swim fast.**
（私は速く泳げません。）
【疑問文】 **Can you swim fast?** （あなたは速く泳げますか。）
— **Yes, I can. / No, I cannot [can't].**

否定文は can の後ろに not を置きます。また，疑問文は can を主語の前に出します。

2 be able to

He can speak French. （彼はフランス語を話せます。）
＝**He is able to speak French.**

用語解説

助動詞

can や will，そしてこのあとに学習する must，may などを助動詞といい，動詞に意味をつけ加える役割をする。

注意

can の否定形

2語に分かれた can not という形はあまり使われない。cannot と続ける形を使うのが一般的。話しことばでは短縮形の can't がよく使われる。

注意

Can you ～？の疑問文

Can you ～？で「～してくれますか。」と依頼を表すこともある。
Can you help me with my homework?
（宿題を手伝ってくれますか。）

〈**be 動詞＋able to＋動詞の原形**〉も「〜することができる」という意味を表します。ただし，can とちがって他の意味（許可や依頼など）はありません。

be 動詞と同じく，否定文は be 動詞のあとに not を置き，疑問文は be 動詞を主語の前に出します。

Shota was able to catch the train.
（ショウタはその電車に乗ることができました。）

「〜できた」と過去を表すときには，〈**be 動詞の過去形＋able to＋動詞の原形**〉の形で表します。ちなみに can の過去形 could は「〜できた」以外の意味が強く，「できた」の意味ではあまり使われません。

Yui will be able to swim well.
（ユイは上手に泳げるようになるでしょう。）

「〜できるだろう」と未来を表すときには，〈**will be able to＋動詞の原形**〉の形で表します。

can と be able to の時制

現在	can	am [are, is] able to
過去	could	was [were] able to
未来	—	will be able to

POINT

1. 〈**can＋動詞の原形**〉で「〜することができる」〈能力・可能〉を表す。
2. can には「**〜してもよい**」〈**許可**〉など，他にもいくつかの意味がある。
3. 〈**be 動詞＋able to＋動詞の原形**〉も「〜することができる」を表す。

CHECK 022

解答 ➜ p.281

（　　）内から適切なものを選びましょう。

□ (1) Mary (can't eats, can't eating, can eats, can eat) peanuts.

□ (2) (Is, Am, Are) you able to ski well?

自分が何ができるかを，外国人の先生に伝えてみましょう。

WORD LIST：eat *natto*, ski well, play the guitar, use a computer

例　I can eat *natto*. (I am able to eat *natto*.)

UNIT 2

must / must not

Can-Do 「～しなければならない」「～してはいけない」と表現できる。

基本例文

① **I must leave soon.**
② **You must not run in the hospital.**

意味
① ぼくはすぐに出発しなければならないんだ。
② 病院の中で走ってはいけません。

1 must の意味と働き

I must work hard today.
(私は今日，熱心に働かなければなりません。)〈義務〉
Rina must be angry now.
(リナは今，怒っているにちがいありません。)〈推量〉

must は can や will と同じく助動詞で，〈must＋動詞の原形〉の形で使います。「～しなければならない」〈義務〉と「～にちがいない」〈推量〉の意味を持ちます。

2 must not「～してはいけない」

You must not watch TV today.
(今日はテレビを見てはいけません。)

must の否定形 must not は，「～してはいけない」という強い禁止を表します。must not は，短縮形 mustn't[mʌ́snt マスント] を使うこともあります。発音に注意しましょう。

You mustn't waste your time.
(時間をむだにしてはいけません。)

注意

「～のはずがない」

「～にちがいない」という意味を否定すると「～のはずがない」となるが，これは can't (➜p.72) を使って表すことが多い。
It can't be true.
(それは本当のはずがありません。)

もっと！

must not ～＝Don't ～.

禁止を表す must not は否定の命令文で言いかえられる。
You must not sit down.
＝Don't sit down.
(座ってはいけません。)

3 must の疑問文と答え方

Must I come by eight o'clock?
(私は 8 時までに来なければなりませんか。)
— Yes, you must.　(はい，来なければなりません。)
No, you don't have to.　(いいえ，来る必要はありません。)

「〜しなければなりませんか。」とたずねるときには，must を主語の前に出します。

また，must の疑問文は「〜しなければなりませんか。」と義務を問うため，No と答えるときは don't have to「〜する必要はない」(➡p.76) を使います。

疑問文の意味

must の疑問文が，推量(〜にちがいないですか)の意味を表すことはほとんどない。

省略しない！

must の疑問文に対する答えでは，No の場合は have to を省略しない。No, 〜 don't. で止めずに，have to まで必ず言うようにしよう。

POINT

1. **〈must＋動詞の原形〉** で **「〜しなければならない」〈義務〉**，**「〜にちがいない」〈推量〉** を表す。
2. must の否定形 **must not** は **「〜してはいけない」〈強い禁止〉** を表す。
3. must の疑問文に No で答えるときは，**No, 〜 don't [doesn't] have to.** で表す。

CHECK 023

解答 ➡ p.281

ほぼ同じ意味になるように，(　　) に適切な語を入れましょう。

☐ (1) Study English. = You (　　　　) study English.
☐ (2) Don't stand up. = You (　　　　) (　　　　) stand up.

TRY! 表現力

日常生活で自分がしなければならないことについて言ってみましょう。

WORD LIST：I must, study math, get up early, clean my room, walk my dog

例　I must study math.

UNIT 3

have to / don't have to

Can-Do 「～しなければならない」「～する必要はない」と表現できる。

基本例文

① **We have to study math.**
② **You don't have to answer all the questions.**

意味
① 私たちは数学を勉強しなければなりません。
② あなたはすべての質問に答える必要はありません。

1 have to の意味と使い方

「～しなければならない」という意味を表すときには，must の他に have to が使われることがあります。to の後ろは必ず動詞の原形で，〈**have to＋動詞の原形**〉となります。

【3人称単数現在】 **Naoko has to get up at seven.**
（ナオコは7時に起きなければなりません。）

【過去】 **Lisa had to do her homework yesterday.**
（リサは昨日，宿題をしなければなりませんでした。）

【未来】 **Bob will have to go to school next Sunday.**
（ボブは次の日曜に学校に行かなければならないでしょう。）

一般動詞の have と同じで，主語が3人称単数のときは has to となります。また，過去は had to，未来は will have to で表します。

must と have to のちがい

must と have to はどちらも「～しなければならない」という意味があるが，下のような微妙なちがいがある。
・must＝話し手の判断から
・have to
＝周囲の状況から

I must stop smoking.
〈話し手である「私」の判断〉
I have to stop smoking.
〈医者の指示など客観的な理由〉
（禁煙しなければならない。）

2 have to の否定文

Ken doesn't have to go to school today.
（ケンは今日，学校に行く必要はありません。）

have to の否定文は〈**don't[doesn't] have to＋動詞の原形**〉の形で，「～する必要はない」という意味を表します。

否定文のちがい

must の否定形 must not は「～してはいけない」〈禁止〉を表すが，have to の否定形 don't have to は「～する必要はない」〈不必要〉を表す。

3 have to の疑問文

Does she have to work all day?
（彼女は一日中働かなければなりませんか。）
— Yes, she does.　（はい，しなければなりません。）
— No, she doesn't.　（いいえ，する必要はありません。）

have to の疑問文は〈**Do [Does]＋主語＋have to＋動詞の原形～?**〉の形で，「～しなければなりませんか。」という意味を表します。

答えるときは，do [does] を使って Yes / No で答えます。ただし，No の答えでは，must の疑問文（➡p.75）のときとは異なり，have to を省略できます。

have to などの発音

一般動詞 have と発音がちがうので注意。
have to [hǽftu ハフトゥ]
has to [hǽstu ハストゥ]
had to [hǽttu ハットゥ]

それぞれの疑問文の形と答え方をしっかり覚えておこう！

POINT

1. 〈**have to＋動詞の原形**〉で「**～しなければならない**」を表す。
2. 主語が 3 人称単数なら **has to**，過去は **had to**，未来は **will have to** となる。
3. have to の否定形 **don't [doesn't] have to** は，must の否定形 **must not と意味が異なる。**

CHECK 024

解答 ➡ p.281

ほぼ同じ意味になるように，（　　）に適切な語を入れましょう。

□ (1) I must get up early tomorrow.
　　= I (　　　　) (　　　　) get up early tomorrow.

□ (2) He must practice hard. = He (　　　　) (　　　　) practice hard.

学校生活で生徒がしなければならないことについて言ってみましょう。

WORD LIST：students, have to, wear school uniforms, eat school lunches

例　Students have to wear school uniforms.

UNIT

may / May I ～？

Can-Do 「～してもよい」と許可を与えたり「～してもよいか」と許可を求めたりできる。

① You may come in.
② They may be late.

意味
① 入ってもよろしい。
② 彼らは遅れるかもしれない。

1 mayの2つの意味

助動詞mayは，〈may＋動詞の原形〉の形で，「～してもよい」〈許可〉と，「～かもしれない」〈推量〉という2つの意味があります。

Jim may come here.
(ジムはここに来てもよいです。) 〈許可〉
(ジムはここに来るかもしれません。) 〈推量〉

mayを使った文は，〈許可〉の意味と〈推量〉の意味のどちらにもとれることがあります。その場合，どちらの意味かは文の前後関係から判断しましょう。

2 mayの否定文

You may not play soccer here.
(ここでサッカーをしてはいけません。) 〈不許可〉
She may not come here soon.
(彼女はすぐここへ来ないかもしれません。) 〈推量〉

mayの否定文は，後ろにnotを置いて〈may not＋動詞の原形〉の形で表します。「～してはいけない」〈不許可〉，「～でないかもしれない」〈推量〉の意味になります。

もっと！

許可を表すmayとcan

「～してもよい」という〈許可〉は，mayだけでなくcanでも表せる(➡p.72)。ただし，mayのほうがよりていねいな言い方。
May I come in?
(入ってもよいですか。)
Can I come in?
(入ってもいい？)

must notとmay not

どちらも「～してはいけない」という意味だが，下のような微妙なちがいがある。
・must not＝命令的で主観的な禁止
・may not＝公的に許可しないという意味の禁止
You must not come in.
〈入ってほしくないので命令している〉
You may not come in.
〈公的に入ることが禁止されている〉

③ May I [we] ～？「～してもよいですか」

May I use your cell phone?
(あなたの携帯電話を使ってもよいですか。)
— Sure. / Of course.　(もちろん。)
I'm sorry, but you can't.　(ごめんなさい，でもだめです。)
I'm afraid not.　(悪いけど，だめです。)

「～してもよいですか。」と許可を求めるときには，〈**May I [we] ～?**〉を使います。答えるときには may を使わず，場面に応じた表現にするのがふつうです。

返事で使う may

Yes, you may. (はい，よろしいです。)，No, you may not. (いいえ，いけません。) は，目下の者に許可を与える［与えない］という言い方になるので注意が必要 (➡前ページの もっと！ must not と may not を参照)。

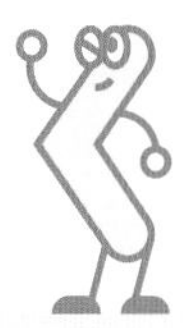

POINT

❶〈**may＋動詞の原形**〉は「**～してもよい**」「**～かもしれない**」という意味。
❷「**～してもよいですか。**」と許可を求めるときは，〈**May I [we] ～?**〉を使う。
❸ **答えるとき**は，Sure. / Sorry, but you can't. など，**場面に応じた表現**を使う。

CHECK 025

解答 ➡ p.281

(　　) 内から適切なものを選びましょう。

□ (1) あなたはここに座っていいですよ。　You (may, may not) sit here.
□ (2) 家に帰ってもいいでしょうか。　(Must, May, Will) I go home?

TRY! 表現力

授業中，先生に「～してもよいですか。」とたずねてみましょう。

WORD LIST：go to the bathroom, ask a question, use the dictionary

例　May I go to the bathroom?

UNIT

5 Will you ～? / Would you ～? / Could you ～?

Can-Do 「～してくれますか」と頼んだり，「～しませんか」と誘ったりすることができる。

基本例文

A: Will you help me, please?
B: All right. / I'm sorry, but I can't.

意味
A：私を手伝ってくれますか。
B：いいですよ。 / すみませんが，できません。

1 〈依頼〉を表すWill [Would / Could] you ～?

Will you tell me the way to the station?
(駅へ行く道を教えてくれますか。) 〈依頼〉
— **Sure. / All right.** (いいですよ。)
I'm sorry. I'm a stranger here.
(すみません。ここは初めてなんです。)

Will you ～? で，「～してくれますか。」と相手に何かを依頼することができます。

Will you please turn off the TV?
= **Will you turn off the TV, please?**
(テレビを消してくれませんか。)

Will you ～? は必ずしもていねいな表現ではありません。Will you のあとや文末に please を置くと，ややていねいになります。

Would you wait for a minute?
(少しお待ちいただけますか。)
Could you pass me the salt?
(塩をとってくださいませんか。)

注意

Can you ～?

Can you ～? も「～してくれますか」と依頼を表すことができる(➡p.72)。

注意

Will you ～? いろいろ

Will you ～? が単なる未来を表す場合もある(➡p.64)。
次の①～③の文の意味のちがいを考えてみよう。
① Will you be free tomorrow?
(明日はひまですか。) 〈未来の疑問文〉
② Will you please help me?
(私を手伝ってくれませんか。) 〈依頼〉
③ Will you go to the party?
(パーティーに行きませんか。) 〈勧誘〉
実際の場面では，前後関係や状況も見て総合的に判断しよう。

よりていねいな依頼には，**Would [Could] you ～？**を使います。もともとはwouldはwillの過去形，couldはcanの過去形ですが，ここでのwould，couldには過去の意味はありません。

Won't you ～？

〈勧誘〉を表すときは，Won' t you ～？というくだけた表現もよく使う。

Won't you come to the party?

（パーティーに来ない？）

2 〈勧誘〉を表す Will you ～？

Will you have another cup of tea?

（紅茶をもう1杯いかがですか。）〈勧誘〉

—**Yes, please.**（はい，お願いします。）

No, thank you.（いいえ，けっこうです。）

「～しませんか。」と相手を誘ったり，ものをすすめたりするときにも，〈**Will you ～？**〉を使います。

Yes, please. と No, thank you. は，「～はいかがですか？」と聞かれたときの基本的な答え方だよ。

POINT

1. **Will you ～？**で「**～してくれますか。**」と依頼する表現になる。
2. より**ていねいな依頼**は，**Would [Could] you ～？**を使う。
3. **Will you ～？**は「**～しませんか。**」と勧誘する表現にもなる。

CHECK 026

解答 ➜ p.281

（　）内から適切なものを選びましょう。

☐ (1) Will you wash the dishes, please? —(Yes, please. , Sure.)

☐ (2) Will you have some potatoes? —(Yes, please. , All right.)

友だちに「いっしょに～しない？」と誘ってみましょう。

WORD LIST：go shopping, go (and) see a movie, eat out, with me

例　Will you go shopping with me?

UNIT 6

should / would like / Would you like ~?

Can-Do 「~すべきだ」「~したい」「~しませんか」と表現できる。

基本例文

① You should study English.
② Would you like some fruit?
— Yes, please. / No, thank you.

意味
① あなたは英語を勉強すべきです。
② 果物はいかがですか。 —はい，お願いします。 / いいえ，けっこうです。

1 should の意味と働き

肯定文 （あなたはこの電車に乗るべきです。）

	You	should	take	this train.

否定文 （あなたはこの電車に乗るべきではありません。）

	You	shouldn't	take	this train.

疑問文 （私はこの電車に乗るべきですか。）

Should	I		take	this train?

助動詞 should[ʃəd シュド]は，〈should + 動詞の原形〉の形で「~すべきである」の意味を表します。

否定形 should not は，「~すべきでない」という意味で，短縮形は shouldn't です。疑問文は should を主語の前に出します。

2 would like ~「~がほしい」

What would you like? （何をめしあがりますか。）
— I'd like a hamburger. （ハンバーガーにします。）

注意
I would の短縮形
I would は I'd という短縮形で使われることもある。

would like ～ で「～がほしい」という意味を表します。

I would like to speak to Mr. Brown.
(私はブラウンさんとお話ししたいです。)

would like のあとに〈to＋動詞の原形〉を続けて〈**would like to＋動詞の原形**〉とすると,「～したい」という意味を表します。

Would you like to come with me?
(私といっしょに来ませんか。)

〈would like to＋動詞の原形〉の疑問文は，would を主語の前に出し,「～はいかがですか。」と人にものをすすめるときや,「～しませんか。」と相手を誘うときに使われます。

want と would like

一般動詞の want も「～がほしい」という意味である。want と would like はどちらもだいたい同じ意味を表すが，want より would like のほうがていねいでひかえめな表現。年上あるいは目上の人に対して want を使うと失礼な言い方になってしまうので，would like を使うほうがよい。

POINT

1. 〈**should＋動詞の原形**〉で「**～すべきである**」という意味を表す。
2. 否定形 **should not** は「**～すべきでない**」という意味を表す。
3. **would like** は「**～がほしい**」, **would like to** は「**～したい**」の意味を表す。

CHECK 027

解答 ➜ p.281

(　　) 内から適切なものを選びましょう。

- ☐ (1) Shota should (does, do) his homework.
- ☐ (2) (Would you like, Must you like, Can you like) some cake?

TRY! 表現力

家に来たお客様に，飲みものや食べものをすすめてみましょう。

WORD LIST：some, coffee, tea, juice, water, sandwiches, candy

例 Would you like some coffee? / Would you like to have sandwiches?

UNIT 7

Shall I ～？/ Shall we ～？

「～しましょうか」「(いっしょに) ～しましょうか」と表現できる。

基本例文

① **Shall I open the door for you?**
② **Shall we go?**

意味
① (私が) ドアを開けましょうか。
② (いっしょに) 行きましょうか。

1 Shall I ～？「(私が) ～しましょうか」

Shall I **carry your books?**
(あなたの本を運びましょうか。)
— **Yes, please.** (ええ，お願いします。)
No, thank you. (いいえ，けっこうです。)

〈Shall I＋動詞の原形～？〉は，「(私が) ～しましょうか［してあげましょうか］。」と自分が申し出る場合に使います。

これに答えるときには，Yes, please. または No, thank you. などで答えます。

2 Shall we ～？「(いっしょに) ～しましょうか」

Shall we **start cleaning?** (そうじを始めましょうか。)
— **Yes, let's.** (はい，そうしましょう。)
No, let's not. (いや，やめましょう。)

〈Shall we＋動詞の原形～？〉は，「(いっしょに) ～しましょうか。」と相手を誘う場合に使います。

これに答えるときには，Yes, let's. または No, let's not. などで答えます。

注意

shall という語

shall はもともと未来を表す助動詞だが，口語では Shall I ～？/ Shall we ～？以外ではあまり使われなくなっている。その Shall I ～？/ Shall we ～？も少し古風な言い回しになるため，自分が使うときは注意しよう。

Shall we ～？に答えるときは，let's を使うんだね！

3 疑問詞＋shall I [we] ～？

What shall I **do**? （[私は] 何をしましょうか。）
— **Clean the room.** （部屋をそうじしなさい。）
Where shall we **go**? （どこへ行きましょうか。）
— **How about the museum?** （博物館はどう？）

疑問詞がある場合は，疑問詞を文のはじめに置きます。これに答えるときは，Yes/No を使わずに答えます。

また，What shall I do? は「(私はあなたのために) 何をしましょうか。」と相手にたずねる場合だけでなく，「(私は) どうしたらいいんだろう？」と自問自答する場合にも使います。

Shall we ～？
＝Let's ～.

Shall we ～？は Let's ～. に言いかえられる。ただし，Shall we ～？のほうがていねいな言い方で，「～しましょうか。」とたずねる疑問文の形をとっている。

Shall we go? = **Let's** go.
(〔いっしょに〕行きましょうか。)

Shall we ～？と Let's ～. はどちらも「～しましょうか。」と相手を誘う表現だよ。

POINT

1. **Shall I ～？**で「**(私が) ～しましょうか。**」という意味。
2. **Shall we ～？**で「**(いっしょに) ～しましょうか。**」という意味。
3. **shall の前に疑問詞**を置く疑問文もある。

CHECK 028

解答 ➔ p.281

(　　) 内から適切なものを選びましょう。

□ 「(私が) 窓を開けましょうか。」と申し出るとき。
(Would I, Shall I, Shall you) open the window?

TRY! 表現力

忙しそうな外国人の先生に，「～しましょうか？」と申し出てみましょう。

WORD LIST : help you, open the door, carry your bag

例 Shall I help you?

この章の整理 CHAPTER 4

助動詞を使った表現

UNIT 1 can / be able to

Rin can speak Chinese. リンは中国語を話すことができます。
She is able to speak Chinese. 彼女は中国語を話すことができます。

- 〈can＋動詞の原形〉で「～することができる」〈能力・可能〉，「～してもよい」〈許可〉などを表す。
- 〈be 動詞＋able to＋動詞の原形〉も「～することができる」を表す。

UNIT 2 must / must not

I must leave soon. 私はすぐに出発しなければなりません。
You must not [mustn't] run here. ここで走ってはいけません。
Must I call him? 私は彼に電話しなければなりませんか。
— No, you don't have to. —いいえ，その必要はありません。

- 〈must＋動詞の原形〉は「～しなければならない」〈義務〉か「～にちがいない」〈推量〉。
- must の否定形 must not は「～してはいけない」という強い〈禁止〉を表す。短縮形は mustn't。
- must の疑問文は〈Must＋主語＋動詞の原形～？〉。Yes の場合は〈Yes,＋主語＋must.〉，No の場合は〈No,＋主語＋don't [doesn't] have to.〉で答える。

UNIT 3 have to / don't have to

We have to study math. 私たちは数学を勉強しなければなりません。
You don't have to answer me. あなたは私に答える必要はありません。

- 「～しなければならない」は，must の他に〈have [has] to＋動詞の原形〉を使ってもよい。
- have to の否定文は〈don't [doesn't] have to＋動詞の原形～〉で表す。
- have to の疑問文は，〈Do [Does]＋主語＋have to＋動詞の原形～？〉で表し，Yes/No で答える。

この章で学習したことを，もう一度チェックしてみよう！

UNIT 4 may / May I ～？

You may come in. 入ってきてよいです。
May I use your bathroom? トイレをお借りしてもよいですか。

- 〈may＋動詞の原形〉で「～してもよい」〈許可〉と「～かもしれない」〈推量〉を表す。
- may の否定文は，〈may not＋動詞の原形〉の形で表す。
- 「～してもよいですか。」と許可を求めるときは，May I [we] ～？を使う。

UNIT 5 Will you ～？ / Would you ～？ / Could you ～？

Will you help me, please? 私を手伝ってくれますか。
Will you come with me? 私といっしょに来ませんか。

- 「～してくれますか。」と相手に依頼するときは，Will you ～？を使う。
- よりていねいな依頼は，Would [Could] you ～？を使う。
- Will you ～？は「～しませんか。」と勧誘を表すことがある。

UNIT 6 should / would like / Would you like ～？

You should study English. あなたは英語を勉強すべきです。
I would like a hamburger. 私はハンバーガーがほしいです。

- 〈should＋動詞の原形〉で「～すべきだ」の意味を表す。
- would like は「～がほしい」の意味を表す。

UNIT 7 Shall I ～？ / Shall we ～？

Shall I open the door? ドアを開けましょうか。

- 〈Shall I＋動詞の原形～？〉で「(私が) ～しましょうか。」の意味を表す。
- 〈Shall we＋動詞の原形～？〉で「(いっしょに) ～しましょうか。」と相手を誘う意味を表す。

定期テスト対策問題

解答 ➡ p.281

問1 can / be able to の形と意味

次の絵を見て，「～できます / できません」と説明するとき，____に適切な語を書きなさい。

(1) Kumi ____________ sing well.

(2) Takeshi will be ____________ to get the ticket at the shop.

(3) Mika is ____________ ____________ to ride a *unicycle.　　*unicycle 一輪車

問2 can / be able to の過去や未来の形

次の文を（　　）内の指示にしたがって書きかえなさい。

(1) My brother is able to climb Mt. Tateyama.（文末に last year を加えて）

____

(2) We are not able to write an e-mail in Spanish.（文末に last year を加えて）

____

(3) Can she ski well?（in a few years を加えて）

____

問3 must / have to の形と意味

次の文の（　　）内のうち適切なものを選び，○で囲みなさい。

(1) You have a cold. You (must, must not) go out today.

(2) We'll have a big game next week. We (have to, don't have to) practice hard.

(3) (Must, Do) I go to bed now, Mom?
—No, you (must, don't have to). Let's watch the game together.

問 4 must / have to を使った文の書きかえ

次の各組の文がほぼ同じ意味を表すように，____に適切な語を書きなさい。

(1) Mari must walk her dog every morning.
Mari ____ ____ walk her dog every morning.

(2) You must not take a picture here.
____ ____ a picture here.

問 5 may / must の形と意味

日本語に合うように，____に適切な1語を入れなさい。

(1) 彼らは今夜，そこに着かないかもしれません。
They ____ ____ get there tonight.

(2) ブラウン先生，川で泳いでもいいでしょうか。 —残念ですが，いけません。ここにいなさい。
Ms Brown, ____ I swim in the river?
— I'm afraid not. You ____ stay here.

問 6 should / would の文

(　　)内の語句を並べかえて英文を完成させなさい。ただし，不要なものが1語ずつあります。

(1) You (such a / say / should / shouldn't) bad thing.
You ____ bad thing.

(2) Excuse me, (should / would / the way / tell me / you) to the JR station?
Excuse me, ____ to the JR station?

(3) I (like / would / go / will / to / shopping) this afternoon.
I ____ this afternoon.

問 7 May / Will / Shall ～？の疑問文と答え方

日本語に合うように，____に適切な1語を入れなさい。

(1) あなたに写真を見せましょうか。 —はい，お願いします。
____ ____ show you some pictures?
— Yes, ____ .

(2) いっしょにスケートに行きましょうか。 —ええ，そうしましょう。
____ ____ go skating together? — Yes, ____ .

(3) その歌を歌ってくれませんか。 —ごめんなさい，できません。
Will ____ sing the song? — I'm sorry, I ____ .

(4) 明日お電話してもよろしいでしょうか。 —もちろんです。
____ ____ call you tomorrow? — Of ____ .

＼ 現役先生方に聞いた！ ／

あるある 誤答ランキング

中学校の先生方が，「あるある！」と思ってしまう，生徒たちのよくありがちな誤答例です。「自分は大丈夫？」としっかり確認して，まちがい防止に役立ててください。

第1位

問題 次の日本文を英語に直しなさい。
私はサッカーができます。

I can ✕ soccer.

あるある！

正しい英文： **I can play soccer.**

soccer は「サッカー」という名詞で，それだけでは「サッカーをする」という意味になりません。この文には play という動詞が必要です。

第2位

問題 次の日本文の意味になるように（　　）に適切な語を書きなさい。
彼は今，勉強する必要はありません。

He (don't ✕) (have) (to) study now.

あるある！

正しい英文： **He doesn't have to study.**

have[has] to の否定文は，一般動詞の have と同じ方法で作ります。主語が he で現在形（3単現）のとき，3語ならば doesn't have to となります。

第3位

問題 次の日本文を英語に直しなさい。
私はすぐに家に帰らなければならないのですか。—いいえ，その必要はありません。

Must I go home soon? — No, you must not. ✕

あるある！

正しい英文： **No, you don't have to.**

must not は「～してはいけない」（禁止）を表すため，日本語と合いません。「～する必要がない」（義務がない）と述べる場合は，No, ～ don't[doesn't] have to を使います。

KUWASHII ENGLISH

中2英語

5章

There is [are] ~. の文

基本例文
の音声はこちらから

005

それぞれの英語表現が，実際の場面ではどのように使われるのかチェックしておこう！

UNIT 1

There is [are] ～. の文

Can-Do 相手が知らないものや人について「～があります」と説明できる。

基本例文

A: There is a good restaurant near the station.
B: Great. Let's eat lunch there.

意味
A：駅の近くにいいレストランがあるよ。
B：いいね。お昼ご飯はそこで食べよう。

1 There is [are] ～. の意味と働き

相手が知らないものや人について，「～があります［います］。」と言うときは，〈There is [are] ～.〉の形を使います。

(○) There is a good restaurant near the station.
(×) A good restaurant is near the station.

基本例文では，Aさんがa (good) restaurantと言っていることから，このレストランを初めて話題にしたことがわかります。このような場合，英語ではいきなりA (good) restaurantで文を始めず，最初にThere isを置くのがふつうです。

(○) My father's restaurant is near the station.
(×) There is my father's restaurant near the station.

逆に，特定のものや人，すでに話題にのぼったものや人について言うときは，〈There is [are] ～.〉の形は使わずに，そのものや人を文頭に置きます。

2 There is [are] ～. を使った文の形

There is **a cat** **under the table.**
（a cat：単数　under the table：場所を表す語句）

There are **some cats** **under the table.**
（some cats：複数　under the table：場所を表す語句）

注意

there の意味

There is [are] ～. の there は形式的な語で特に意味はなく，「そこに」の意味ではない。
There is [are] ～. の文で「そこに」と言いたいときは，最後にもう一度 there をつける。
There is a big dog there.
（そこに大きな犬がいるよ。）

There is [are] ～. の形を使うのは，それについて相手が知らないときなんだね。

be 動詞は，後ろの名詞が単数または数えられない名詞なら is を，複数なら are を使います。

また，「～がある［いる］。」と存在を表す文なので，場所を表す語句をつけ，〈**There is[are] + 名詞 + 場所を表す語句 .**〉の形で使うのが一般的です。

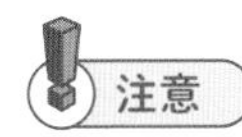

短縮形

次のような短縮形がある。
there is → there's
there are → there're

未来の文

「～があるだろう」と未来のことを言うときは，will を使って There will be ～. の形を使う。
There will be a meeting next week.
（来週会議があるだろう。）

3 There was [were] ～.

There was **a bench under the tree.**
（**木の下にベンチ**がありました。）
There were **many people along the street.**
（**その通りにはたくさんの人**がいました。）

There is[are] ～. の be 動詞を，was[were] に変えると「～があった［いた］。」という過去の文になります。

POINT

❶ **There is[are] ～. で「～がある［いる］。」**という意味を表す。
❷ There ～. の文の be 動詞は，後ろの名詞が**単数なら is**，**複数なら are** を使う。
❸ be 動詞に **was[were] を使うと，「～があった［いた］」**と過去の意味になる。

CHECK 029

解答 ➜ p.282

（　　）内から適切なものを選びましょう。

☐ (1) There (is, are) some beautiful parks near my house.
☐ (2) There (was, were) a little boy in front of the ice cream shop.

TRY! 表現力

「家の近くに～があります。」と説明してみましょう。

WORD LIST：park, library, convenience store, bus stop, near my house

例 There is a park near my house.

UNIT 2

There is [are] ～. の否定文 / 疑問文

Can-Do 「～がありません」「～がありますか」と説明したりたずねたりできる。

基本例文

A: Is there a library in your town?
B: Yes, there is. / No, there isn't.

意味
A：あなたの町には図書館がありますか。
B：はい，あります。 / いいえ，ありません。

1 There is [are] ～. の否定文

There is [are] ～. の否定文は，is [are] のあとに not を置きます。「～がありません [いません]。」という意味になります。

There is not a window in this room.
(この部屋には窓がありません。)
There are not any children in the park.
(公園には子どもが (1人も) いません。)
また，no を使って否定を表すこともあります。
There are no children in the park.
(公園には子どもが (1人も) いません。)

注意

not any＝no
〈not any＋名詞〉＝〈no＋名詞〉で，「何も [1つも] ～がない」という意味を表す。
any の後ろが数えられる名詞の場合，複数形になることに注意すること。
There aren't any windows in this room.
(この部屋には窓が1つもありません。)

2 There is [are] ～. の疑問文

疑問文にするときには，is [are] を there の前に出します。「～がありますか [いますか]。」という意味になります。
また，答えるときにも there is [are] を使います。

Are there any trees on the hill?
(丘の上に木がありますか。)
— **Yes, there are.** (はい，あります。)
No, there aren't. (いいえ，ありません。)

3 〈How many＋複数名詞＋are there ～？〉

「いくつ～がありますか。」と数をたずねるときには，〈**How many＋複数名詞＋are there ～？**〉の形を使います。How many のあとの名詞は複数形にすることに注意しましょう。

また，答えるときには〈There is[are]＋数.〉などで答えます。

How many lions are there in the zoo?
（その動物園にはライオンが何頭いますか。）
— **There is one.**（1頭です。）
There are five.（5頭です。）

Here is[are] ～.

「ここに～がある［いる］。」という場合，**Here is [are] ～.** を使う。Here is → Here's と短縮形にできる。
Here's an old map.
（ここに古い地図があります。）

How many のあとの名詞は複数形になるんだね！

POINT

❶ **There is[are] not ～.** で「～がない［いない］。」という意味を表す。
❷ **Is[Are] there ～？** で「～がありますか［いますか］。」という意味を表す。
❸ 数をたずねるときは，〈**How many＋複数名詞＋are there ～？**〉の形を使う。

CHECK 030

解答 ➜ p.282

（　　）内から適切なものを選びましょう。

☐ (1) There (isn't, aren't) any homework today.
☐ (2) Are there many books in your room? — Yes, (they, there) are.

TRY! 表現力

相手の部屋にあるものをたずねる文を作ってみましょう。

WORD LIST：*tatami* mats, a TV set, a bed, big windows, in your room

例 Are there any *tatami* mats in your room?

この章の整理

CHAPTER 5

There is [are] ～. の文

この章で学習したことを，もう一度チェックしてみよう！

UNIT 1 There is [are] ～. の文

There is a good restaurant near here. この近くにいいレストランがあります。

- There is [are] ～. で「～があります［います］。」という意味を表す。
- 相手が知らないものや人について言うときに使う。

There are three cats in this room. この部屋には3匹のネコがいます。

- be 動詞は，後ろの名詞が単数なら is，複数なら are を使う。
- 「～があります［います］。」と存在を表す文なので，場所を表す語句をともなうことが多い。

There was a snake on the road. 道路に1匹のヘビがいました。

- There was [were] ～. は「～がありました［いました］。」という過去の文になる。

UNIT 2 There is [are] ～. の否定文 / 疑問文

There isn't [is not] a library in my town. 私の町には図書館がありません。
There aren't [are not] any stars. 星が（1つも）ありません。
There are no boys in this club. このクラブには男の子が（1人も）いません。

- There is [are] ～. の否定文は，be 動詞のあとに not を置く。
- There aren't any ～. と There are no ～. はいずれも「1人［1つ］もありません［いません］。」を表す。

Are there any shops near here? この近くにお店がありますか。

- There is [are] ～. の疑問文は Is [Are] there ～？で表し，there is [are] を使って Yes / No で答える。

How many desks are there in this room? この部屋には机がいくつありますか。

- 数をたずねるときは，〈How many＋複数名詞＋are there ～？〉で表す。

COLUMN

コラム

英語の基本文型 ①

英語の文には，大きく分けて **5つの文型**があります。
5つの文型は，英文を構成する次の **4つの要素**で説明されます。

主語	S	…	文の中で「何が」「だれが」にあたる語
動詞	V	…	主語の動作や状態を表す語
目的語	O	…	動詞が表す動作の対象になる語
補語	C	…	主語・目的語の内容や状態を説明する語

SVOC はそれぞれ，
Subject：主語
Verb：動詞
Object：目的語
Complement：補語
の頭文字だよ。

5つの基本文型 その1

第1文型 S V

「SはVする」

She walked.
主語 S　動詞 V
彼女は歩きました。

主語（S）と**動詞（V）**だけで成り立つ，もっともシンプルな英文の形です。
She walked **to school**.（彼女は学校まで歩きました。）のように，SV のあとに，よりくわしい説明をつけ加えるための**修飾語句**を続けることもありますが，修飾語句は文の要素にはなれません。
ちなみに第5章で学習した There is[are] ～. の文は，この第1文型の変化型です。There is[are] ～. の there は文頭に来ていますが，意味を持たない語なので，文の要素である主語にはなれません。左ページの There is a good restaurant near here. の文の主語は a good restaurant，動詞は is で，他は文の要素ではないため，この文は SV の第1文型ということになります。

第2文型 S V C

「SはCである」

He is a student.
主語 S　動詞 V　補語 C
彼は生徒です。

動詞（V）の後ろに**補語（C）**がくる形です。C は**名詞**か**形容詞**のどちらかです。
S＝C の関係が成り立つので，上の例文で言うと，「I（私）」＝「a student（生徒）」ということになります。この文型の動詞は be 動詞の他に，**become**（～になる），**look**（～に見える），**feel**（～のように感じる）などがよく使われます。

第3文型～第5文型は ➡ p.109

定期テスト対策問題

解答 ➡ p.282

問1 There is [are] ～. の文

次の絵について英語で説明するとき，絵と合う文に○を，合わない文に×を書きなさい。

(1) There is a small table by the sofa. (　　)

(2) There is a boy on the sofa. (　　)

(3) There are some windows in the room. (　　)

(4) There are two balls in the room. (　　)

問2 There is [are] ～. の文と否定文

日本語に合うように，＿＿に適切な１語を入れなさい。

(1) クッキーがテーブルの上にあります。

＿＿＿＿ ＿＿＿＿ some cookies ＿＿＿＿ the table.

(2) そのパソコンは何か不具合があります。

＿＿＿＿ something wrong with the computer.

(3) あまり重要な情報はありません。

There ＿＿＿＿ much important information.

(4) この町には高い建物はありません。

＿＿＿＿ ＿＿＿＿ any tall buildings in this town.

問3 There is [are] ～. の文の語順

(　　) 内の語句を並べかえて英文を完成させなさい。ただし，不要なものが１語ずつあります。

(1) There (along the river / some coffee shops / is / are).

There ＿＿＿＿＿＿＿＿＿＿＿＿＿＿＿＿＿＿＿＿.

(2) There (my / a big bookcase / in / have / is / room).

There ＿＿＿＿＿＿＿＿＿＿＿＿＿＿＿＿＿＿＿＿.

(3) (isn't / in / there's / no / the fridge / milk).

____.

(4) (are / any / you / problems / there)? — Don't worry. Everything is fine.

____?

問4 There is [are] 〜. の過去や未来の文

次の文を（　　）内の指示にしたがって書きかえなさい。

(1) There is a small dog under the tree. （文末に yesterday を加えて）

____

(2) There was a colored pen on the desk. （下線部を many にかえて）

____

(3) There is no homework. （文末に tomorrow を加えて will の文に）

____

問5 There is [are] 〜. の疑問文と答え方

次の対話の意味が通るように，＿＿に最も適当な語を1語書きなさい。

(1) A: ＿＿＿＿＿＿ there a flower shop near here?
B: Yes. ＿＿＿＿＿＿ one next to the bank.

(2) A: ＿＿＿＿＿＿ there a zoo here last year?
B: ＿＿＿＿＿＿, there ＿＿＿＿＿＿. They closed it last month.

問6 There is [are] 〜. の文の書きかえ

次の文を（　　）内の指示にしたがって書きかえたとき，＿＿に適切な1語を入れなさい。

(1) A week has seven days. （There で始まる文に）
＿＿＿＿＿＿ ＿＿＿＿＿＿ seven days in a week.

(2) There are three oranges in the basket. （下線部が答えの中心となる疑問文に）
＿＿＿＿＿＿ ＿＿＿＿＿＿ oranges are there in the basket?

問7 英作文

次の日本語を There is [are] 〜. の文を使って英語にしなさい。

(1) そのテーブルの上にリンゴが5つあります。

____

(2) あなたの家の近くに郵便局 (post office) がありますか。

____

＼ 現役先生方に聞いた！ ／

あるある 誤答ランキング

中学校の先生方が，「あるある！」と思ってしまう，生徒たちのよくありがちな誤答例です。「自分は大丈夫？」としっかり確認して，まちがい防止に役立ててください。

第1位

問題 次の日本文に合うように（　　）に適切な語を書きなさい。
箱の中に何匹かのネコがいます。

There (~~is~~) some cats in the box.

あるある！

正しい英文： **There (are) some cats in the box.**

〈There is[are]＋主語.〉で「～があります［います］。」を表します。後ろにくるのが単数ならis，複数ならareを使います。ここではネコが複数なので，There areになります。

第2位

問題 （　　）内の語を並べかえて正しい文を作りなさい。
(library / a / there / is) near my house.

(~~A library is there~~) near my house.

あるある！

正しい英文： **(There is a library) near my house.**

相手が知らないものや人について，「～があります［います］。」と表すとき，英語では，最初にThere is[are]を置くのがふつうです。

第3位

問題 下の英語の質問に対する答えの（　　）に適切な語を書きなさい。
Is there a bus stop in front of the station?

Yes, (~~it~~) (is).

あるある！

正しい英文： **Yes, (there) (is).**

〈Is[Are] there ～？〉「～がありますか［いますか］。」への答えとしては，Yes, there is[are].（はい，あります。）/ No, there isn't[aren't].を使います。

KUWASHII
ENGLISH

中2
英語

6章

いろいろな文の構造

基本例文
の音声はこちらから

006

それぞれの英語表現が，実際の場面ではどのように使われるのかチェックしておこう！

UNIT 1

look, become などの文の形

Can-Do ▶ look や become などを使って，「～のようだ」「～になる」という表現ができる。

基本例文

A: You look sleepy.
B: Yes. I got tired.

意味
A：眠そうに見えるよ。
B：うん。疲れちゃったんだ。

1 「～のようだ」と様子を表す動詞

This cake looks delicious.（delicious：形容詞）
(このケーキはおいしそうです〔←おいしそうに見える〕。)

「～のようだ［～に見える］」という文は，look を使って〈look＋形容詞〉の形で表します。

〈動詞＋形容詞〉の形で「～のようだ」など，ものの感じ方を表す動詞には，次のようなものがあります。

feel	～に感じる
smell	～のにおいがする
sound	～に聞こえる
taste	～の味がする

That sounds interesting.
(それはおもしろそうですね〔←おもしろそうに聞こえる〕。)
I feel good today.
(私は今日は気分がいいです〔←いいと感じる〕。)

もっと！
〈look like＋名詞〉
look を含め，左にあるような動詞は，あとにくる語が形容詞だと〈動詞＋形容詞〉だが，名詞だと〈動詞＋like＋名詞〉になる。いずれも「～のようだ」と，何かの感じを表す意味になる。
〈look like＋名詞〉
She looks like her father.
(彼女は父親に似ている〔←父親のように見える〕。)
〈feel like＋名詞〉
This paper feels like silk.
(この紙は絹のような手触りだ〔←絹のように感じる〕。)

「～のようだ」の look の使い方は，〈look＋形容詞〉か〈look like＋名詞〉になるんだね！

2 「〜になる」と変化を表す動詞

動詞 **get**, **grow**, **become** は，そうでなかった状態から「〔ある状態〕になる」という変化を表します。

形容詞
We got angry. （**私たちは**怒(おこ)**りました。**）
It grew dark. （**暗くなりました。**）

get，grow は，あとに形容詞を置き，〈**get [grow]＋形容詞**〉の形で使います。

形容詞
She became rich. （**彼女はお金持ちになりました。**）
名詞
She became a writer. （**彼女は作家になりました。**）

become は，あとに形容詞や名詞を置き，〈**become＋形容詞**〉または〈**become＋名詞**〉の形で使います。

SVC の文

主語　動詞　補語
The boy became a policeman.
少年 ➡ 警察官
（その少年は警察官になりました。）
上の文から a policeman をとると，The boy became.（その少年はなった。）となり，意味がわからない。
become（なる）には，主語が「何に」なるかを示す語が必要である。このように主語の説明をする語を**補語**（C）という。また，〈主語（S）＋動詞（V）＋補語（C）〉の語順をとる文を「SVC の文」ということがある。

POINT

1. 「〜のようだ［に見える］」は〈**look＋形容詞**〉の形で表す。
2. 「〔ある状態〕になる」は〈**get [grow]＋形容詞**〉〈**become＋形容詞 / 名詞**〉の形で表す。

CHECK 031

解答 ➡ p.283

（　　）内から適切なものを選びましょう。

☐ (1) Jim looks busy every day.　ジムは毎日（忙しく見ている，忙しそうだ）。
☐ (2) My brother became a doctor.　私の兄は医者（のようだ，になった）。

TRY! 表現力

身近な人について，「〜のようだ。」と言ってみましょう。

WORD LIST：father, mother, brother, busy, happy, sad, every day, now

例　My father looks busy every day.

UNIT 2

give, show などの文の形

Can-Do give や show などを使って,「(人) に (もの) を～する」という表現ができる。

基本例文

A: My father gave me a new cell phone.
B: Wow! Show it to me later.

意味
A：父が新しい携帯電話をぼくにくれたんだ。
B：わあ！　あとでそれをぼくに見せて。

1 動詞＋(人)＋(もの)

(私はトムにアルバムを見せました。)

I	showed	Tom	my album.
主語	動詞	A (人) に	B (もの) を

(母は私にお話をしてくれました。)

My mother	told	me	a story.
主語	動詞	A (人) に	B (もの) を

「A (人) にB (もの) を～する。」という文は〈動詞＋A (人) ＋B (もの).〉で表せます。A に代名詞が入るときは, me や him などの目的格になります。この語順では「B (もの)」が強調されます。

2 動詞＋(もの)＋to [for]＋(人)

(私はメアリーにプレゼントをあげました。)

I	gave	a present	to Mary.
主語	動詞	B (もの) を	A (人) に

(カズは私にクッキーを作ってくれました。)

Kazu	made	some cookies	for me.
主語	動詞	B (もの) を	A (人) に

もっと！

SVOO の文

動詞の動作の対象になる語を目的語 (O) と呼び, 動詞のあとに置く。

主語(S) 動詞(V) 目的語(O)
Rina speaks Chinese.
↑動作の対象
(リナは中国語を話します。)

ここで学習する give や show などは, 目的語を 2 つ持つことができる動詞である。

目的語(O) 目的語(O)
Tom gave her a present.
(トムは彼女にプレゼントをあげました。)

このように,〈主語 (S) ＋動詞 (V) ＋目的語 (O) ＋目的語 (O)〉の語順をとる文を「SVOO の文」ということがある。

「A（人）にB（もの）を～する。」という文は，〈動詞＋B（もの）＋to [for]＋A（人）.〉でも表せます。この語順では「A（人）」が強調されます。toを使うかforを使うかは，動詞によって決まっています。

toを使う	give	（与える）	（もの）	to	（人）
	send	（送る）			
	show	（見せる）			
	teach	（教える）			
	tell	（言う）			
	write	（書く）			
forを使う	buy	（買う）	（もの）	for	（人）
	make	（作る）			

（もの）が先の場合

下の文のように「（人）に」が長いときは，「（もの）を」を先に置くというルールがある。

I gave balloons to a lot of children.
（私は多くの子どもたちに風船をあげた。）

また，（もの）が代名詞（it / themなど）のときも「（もの）を」（代名詞）を先に置く。

（×）I gave Karen it.
（○）I gave it to Karen.
（私はそれをカレンにあげました。）

POINT

1. giveやshowなどは，〈**動詞＋A（人）＋B（もの）**〉の語順にする。
2. 〈**動詞＋B（もの）＋to [for]＋A（人）**〉でも同じ意味を表せる。
3. toを使うかforを使うかは，**動詞によって決まっている。**

CHECK 032

解答 → p.283

（　　）内から適切なものを選びましょう。

□ (1) I gave (a birthday present my friend, my friend a birthday present).

□ (2) Jim taught English (to, for) us.

TRY! 表現力

「私の友だちに（もの）を～しました。」と表現してみましょう。

WORD LIST：give, show, teach, write, a present, some pictures, math, a card

例　I gave my friend a present.

UNIT 3

call，make などの文の形

Can-Do call や make などを使って，「A を B にする」という表現ができる。

基本例文

We call our dog Pochi.
Pochi makes my family happy.

意味
私たちはうちの犬をポチと呼びます。
ポチは私の家族を幸せにします。

1 「A を B と呼ぶ」の文の形

（ジェーンはその赤ん坊をチャールズと名づけました。）

Jane	named	the baby	Charles.
主語	動詞	A を	B と

（みんなは彼をチャーリーと呼びます。）

Everyone	calls	him	Charlie.
主語	動詞	A を	B と

「A を B と呼ぶ。」や「A を B と名づける。」などの文は〈動詞＋A＋B.〉の形で表します。「A（を）」とそれを説明する「B（と）」は，A＝B の関係になります。

2 「A を B にする」の文の形

（彼の歌は私たちを幸せにします。）

His song	makes	us	happy.
主語	動詞	A を	B に

「A を B に～する。」という文も〈動詞＋A＋B.〉の形で表し，A＝B の関係になります。

SVOC の文

〈動詞＋A＋B〉の形で A＝B の関係になる文では，A は動詞の目的語で，B はそれを説明する補語である。このように〈主語（S）＋動詞（V）＋目的語（O）＋補語（C）〉の語順をとる文を「SVOC の文」ということがある。

We	call	her	Lisa.
主語	動詞	目的語＝	補語
(S)	(V)	(O)	(C)

3 A＝B になるその他の動詞

〈動詞＋A＋B〉の形でA＝Bの関係になる文を作る動詞は，他にもあります。

〈find＋A＋B〉「AがBだとわかる」

I found the book funny.
（私はその本がおもしろいとわかりました。）

〈keep＋A＋B〉「AをBにしておく」

They keep the room clean.
（彼らは部屋をきれいにしています。）

〈leave＋A＋B〉「AをBのままにする」

Please leave the door open.
（ドアを開けたままにしておいてください。）

A＝Bの関係になる動詞，他にもこんなにあるんだね！

POINT

1. 「AをBと呼ぶ［名づける］」は〈call［name］＋A＋B〉の形で表す。
2. 「AをBにする」は〈make＋A＋B〉の形で表す。
3. 上の2つはいずれもA＝Bの関係になる。

CHECK 033

解答 ➔ p.283

（　　）内から適切なものを選びましょう。

☐ (1) My friends call (Tommy him, him Tommy).

☐ (2) Tommy makes (everyone happy, happy everyone).

TRY! 表現力

身近な人の呼び名について「私はAをBと呼びます。」と表現してみましょう。

WORD LIST：call, my teacher, my sister, my brother, my dog

例　I call my teacher Ms. Smith.

この章の整理 CHAPTER 6

いろいろな文の構造

この章で学習したことを，もう一度チェックしてみよう！

UNIT 1 look，become などの文の形

You look sleepy. あなたは眠そうに見えます。

- 「～のようだ［～に見える］」というときは，〈look＋形容詞〉で表す。
- feel（～に感じる），smell（～のにおいがする），sound（～に聞こえる），taste（～の味がする）なども同じように〈動詞＋形容詞〉の形で「～のようだ」の意味を表す。

I got tired. 私は疲れました。

- 〈get［grow］＋形容詞〉の形で，「〔ある状態〕になる」の意味を表す。

He became an actor. 彼は俳優になりました。

- 〈become＋形容詞／名詞〉の形で，「〔ある状態〕になる」の意味を表す。

UNIT 2 give，show などの文の形

He showed me his new bike. 彼は私に彼の新しい自転車を見せてくれました。

- 「A（人）にB（もの）を～します。」という文は〈動詞＋A（人）＋B（もの）〉で表す。

He showed his new bike to me. 彼は私に彼の新しい自転車を見せてくれました。

- 「A（人）にB（もの）を～します。」という文は〈動詞＋B（もの）＋to［for］＋A（人）〉でも表せる。
- A（人）の前に to を置くか for を置くかは，動詞によって決まっている。

UNIT 3 call，make などの文の形

We call this dog Pochi. 私たちはこの犬をポチと呼びます。

- 「AをBと呼ぶ」や「AをBと名づける」などは〈call［name］＋A＋B〉の形で表す。

Pochi makes my family happy. ポチは私の家族を幸せにします。

- 「AをBにする」は〈make＋A＋B〉の形で表す。

COLUMN

コラム

英語の基本文型②

主語	S	…	文の中で「何が」「だれが」にあたる語
動詞	V	…	主語の動作や状態を表す語
目的語	O	…	動詞が表す動作の対象になる語
補語	C	…	主語・目的語の内容や状態を説明する語

5つの基本文型 その2

第3文型 S V O

「SはOをVする」

She has a dog.
主語S 動詞V 目的語O
彼女は犬を飼っています。

動詞（V）の後ろに目的語（O）が1つくる形です。Oになるのは名詞だけです。上の例文で言うと，動詞haveが「飼っている」という意味で，「何を？」の答えにあたるのが目的語（O）になります。つまり動詞haveの目的語（O）はa dogです。
第2文型のSとCの関係とはちがって，SとOの間にはイコールの関係はありません。

第4文型 S V O_1 O_2

「SはO_1にO_2をVする」

I gave him a book.
主語S 動詞V 目的語O_1 目的語O_2
私は彼に本をあげました。

動詞（V）の後ろに目的語が2つ（O_1とO_2）続く形です。O_1には「人」を，O_2には「もの」を入れて，「（人）に（もの）を〜する」という意味で使われることが多いです。この文型では，give（〜に…を与える），show（〜に…を見せる），send（〜に…を送る），buy（〜に…を買う）などの動詞がよく使われます。

第5文型 S V O C

「SはOをCと［に］Vする」

I call her Aya.
主語S 動詞V 目的語O 補語C
私は彼女をアヤと呼びます。

動詞（V）の後ろに目的語（O）がきて，それを説明する補語（C）が続く形です。
この文型では，call（〜を…と呼ぶ），name（〜を…と名づける），make（〜を…にする）などの動詞がよく使われます。

第1文型・第2文型は ➡ p.97

定期テスト対策問題

解答 ➜ p.283

問 1 「〜のようだ」と様子を表す動詞

日本語に合うように，(　　) 内の語句を並べかえなさい。ただし，不要なものが 1 語ずつあります。

(1) そのドラマはおもしろそうです。 (the TV drama / is / interesting / sounds).

____ .

(2) 私は少し疲れたと感じます。 (tired / tiring / feel / I / a little).

____ .

(3) 母のケーキはいつもおいしいです。
(good / tastes / my mother's cake / always / like).

____ .

(4) この犬はクマみたいです。 (is / this dog / looks / a bear / like).

____ .

問 2 「〜になる」と変化を表す動詞

日本語に合うように，____に適切な 1 語を入れなさい。

(1) お兄さんの具合はどうですか。 ―よくなってきています。ありがとう。
How is your brother? ― He is __________ better. Thanks.

(2) 昨夜あの音が聞こえましたか。 ―はい，怖くなってしまいました。
Did you hear that sound last night? ― Yes, I __________ scared.

(3) 私の姉はこの 4 月に看護師になりました。 ―よかったですね。
My sister __________ a nurse this April. ― That's nice.

問 3 否定文 / 疑問文

次の文を (　　) 内の指示にしたがって書きかえなさい。

(1) The flower smells good. (否定文に)

____

(2) The artist became famous. (疑問文に)

____

(3) You feel <u>sad</u>. (下線部が答えの中心となる疑問文に)

____

問 4 「A を B にする」と表す動詞

＿＿に適する語を下から１つずつ選び，必要があれば形をかえて書きなさい。

(1) My grandfather's name is Norihiko, so we ＿＿＿＿＿＿ him Nori-ji.

(2) I read a comic book last night. I ＿＿＿＿＿＿ it very interesting.

(3) You looked happy yesterday. What ＿＿＿＿＿＿ you happy?

〔 call, make, find 〕

問 5 「(人) に (もの) を〜する」の文

次の絵を表す英文を選び，その記号を答えなさい。

(1) ア The girl gave the wolf some flowers. (　　)

イ The girl gave some flowers the wolf.

ウ The girl gave the wolf to some flowers.

(2) ア The girl showed her face the wolf. (　　)

イ The girl showed the wolf to her face.

ウ The girl showed the wolf her face.

問 6 いろいろな文の構造

次の各組の文がほぼ同じ意味を表すように，＿＿に適切な１語を入れなさい。

(1) My cousin gave me her old bike.

My cousin gave her old bike ＿＿＿＿＿＿ ＿＿＿＿＿＿.

(2) Eri will buy the baby a picture book.

Eri will buy a picture book ＿＿＿＿＿＿ ＿＿＿＿＿＿ ＿＿＿＿＿＿.

(3) Her nickname is Kumi.

We ＿＿＿＿＿＿ ＿＿＿＿＿＿ Kumi.

(4) Who teaches music to you?

Who teaches ＿＿＿＿＿＿ ＿＿＿＿＿＿?

現役先生方に聞いた！
あるある
誤答
ランキング

中学校の先生方が,「あるある!」と思ってしまう,生徒たちのよくありがちな誤答例です。「自分は大丈夫?」としっかり確認して,まちがい防止に役立ててください。

第1位

問題　次の2文がほぼ同じ意味になるように（　　）に適切な語を書きなさい。
He bought me a bag.

=He bought a bag (to) me.

あるある！

正しい英文: **He bought a bag (for) me.**

bought は buy（買う）の過去形です。buy, make（作る）などの動詞のあとに「（人）のために」という情報を入れたいときは, for（～のために）を使います。

第2位

問題　次の日本文に合うように（　　）に適切な語を書きなさい。
彼はその本を私にくれました。

He gave (book) (to) (me).

あるある！

正しい英文: **He gave (me) (the) (book).**

問題には（　　）が3つしかありません。「その本」は, the book と2語になります。「私に（me）」とあわせて3語になるため, to は入る余地がありません。

第3位

問題　次の日本文を英語に直しなさい。
彼女は疲れているように見えます。

She looks like tired.

あるある！

正しい英文: **She looks tired.**

「～のように見える」は, look を使って,〈look＋形容詞〉あるいは〈look like＋名詞〉で表すことができますが,「疲れている（tired）」は形容詞なので like は不要。

KUWASHII
ENGLISH

中2
英語

7章

接続詞

基本例文
の音声はこちらから

007

それぞれの英語表現が，実際の場面ではどのように使われるのかチェックしておこう！

UNIT 1

and, or, but

Can-Do 接続詞を使って，「そして〜」「あるいは〜」「しかし〜」と表現できる。

基本例文

① Jim and I are good friends.
② The king had a lot of money, but he was not happy.

意味
① ジムと私は仲のよい友だちです。
② 王は金持ちだったが，幸せではありませんでした。

1 接続詞はつなぐことば

【語と語】 sing and dance （歌い，そして踊る）
【句と句】 in the mountain or by the sea
（山の中か海の近くで）
【文と文】 I like music, but my father doesn't.
（私は音楽が好きだが，父はそうではありません。）

接続詞は，語と語，句と句，文と文をつなぐ働きをします。

つなぐ対象は同じ種類のもので，異なる種類のものをつなぐことはできません。

(×) We ran and swimming. ←動詞と名詞はつなげない。
（ran＝動詞，swimming＝名詞）
(○) We ran and swam. （私は走って，そして泳いだ）
（ran＝動詞，swam＝動詞）

2 and, or, but の意味と働き

I washed the dishes, and Tom dried them.
（私がお皿を洗い，そしてトムが乾かしました。）

句
2つ以上の語のまとまりを「句」という。ただし，その中に〈主語＋動詞〉を含まないもの。〈主語＋動詞〉を含む2つ以上の語のまとまりは「文」と言う。

注意

3つ以上をつなぐとき
and や or で3つ以上のものをつなぐときは，途中はコンマで区切り，最後に and[or] を入れる。また，読むときには，接続詞の前までは上げ調子，最後が下げ調子になる。
Richard has a cat (↗), a bird (↗) and two dogs (↘).

and は，「～と～」の意味で，語（句）と語（句）をつなぐのに使われます。また，「～，そして～」の意味で文と文をつなぐのにも使われます。文と文をつなぐ場合は，よく似たことがらや続いて起こることを述べるときに使われます。

Would you like tea or coffee? — Coffee, please.
（紅茶にしますか，それともコーヒーにしますか。
—コーヒーをお願いします。）

or は，「あるいは～」「それとも～」と選択肢（せんたくし）をつけ加えます。

I asked her a question, but she didn't answer.
（私は彼女に質問したが，彼女は答えませんでした。）

but は，and と同じく語（句）や文をつなぎます。「しかし」「～だが」の意味で，前と逆のことや予想外のことを述べるときに使います。

もっと！

〈命令文, and [or] ～.〉

命令文のあとにコンマをつけ，and [or] を続けると，「～しなさい，そうすれば［さもないと］…」の意味になる。

Hurry up, and you'll be on time.
（急ぎなさい，そうすれば間に合いますよ。）

Hurry up, or you'll be late.
（急ぎなさい，さもないと遅れますよ。）

POINT

1. **and** は，**語（句）と語（句）**だけでなく**文と文をつなぐ働き**がある。
2. **or** は，**選択肢をつけ加える**ときに使われる。
3. **but** は，**前と逆のことや予想外のことを述べる**ときに使われる。

CHECK 034

解答 ➜ p.284

（　　）内から適切なものを選びましょう。

☐ (1) I like music, (or, but) my brother doesn't.
☐ (2) Jane came back early (and, to) helped her father.

自分や友だちのことについて，「そして～」「だけど～」と表現してみましょう。

WORD LIST：like P.E., get up early, walk one's dog

例　I like P.E., but Taro doesn't.

UNIT 2

when, before, after

Can-Do 時を表す接続詞を使って,「～するとき」「～する前［あと］に」と表現できる。

基本例文

① My sister was cooking when I came home.
② I finished my homework before dinner was ready.

意味
① 私が家に帰ったとき,姉［妹］が料理をしていました。
② 夕飯の準備ができる前に,私は宿題を終えました。

1 接続詞 when

She lived in Osaka when she was a child.
「～とき」「彼女は子どもだった」
(彼女は子どものとき,大阪に住んでいました。)

「～するとき…」という文を作る場合,接続詞 when を使います。
日本語では「～するとき」と言いますが,英語では「～する」の部分が when のあとに置かれることに注意しましょう。

When I arrived there, it was already dark.
(私がそこに着いたとき,すでに暗かったです。)

when ～ の部分が文の前半に置かれることもあります。その場合は,間をコンマで区切ります。

2 接続詞 before, after

Please wash your hands before you eat.
(食べる前に手を洗ってください。)
We watched a movie after we had dinner.
(私たちは夕食を食べたあとに映画を見ました。)

注意

when のもう1つの用法

when は,「いつ～ですか」と疑問文を作る疑問詞としての用法もある。接続詞の when「～するとき」とのちがいに注意しよう。
When did you arrive there?
(あなたはいつそこに着いたのですか。)

注意

before, after のもう1つの用法

before, after には前置詞としての用法もある。その場合は, before や after のあとに名詞がくる。
I studied English **before** dinner.
(私は夕食の前に英語を勉強しました。)

before と after も when と同じく接続詞で，before は「～する前に」，after は「～したあとに」という意味です。

3 未来の内容でも現在形

(○) I'll clean up before my mother comes home.
　　　　　　　　　　　　　　　　　　現在形
(×) I'll clean up before my mother will come home.
（母が帰宅する前に，私はそうじをするつもりです。）

(○) When I arrive at the station, I'll call you.
　　　　　　現在形
(×) When I will arrive at the station, I'll call you.
（駅に着いたら［着いたとき］，あなたに電話します。）

when [before, after] ～の部分では，未来のことでも現在形で表すので注意しましょう。

その他の時を表す接続詞

while（～の間に），until [till]（～まで）なども，いつのことかを示す接続詞として使われる。

I often visited the park **while** I was staying in Paris.
（私はパリに滞在していた間にその公園をよく訪れました。）

Please wait here **until** I come back.
（私がもどって来るまでここで待っていてください。）

POINT

1. **when**「～するとき…」，**before**「～する前に…」，**after**「～したあとに…」はいずれも文と文をつなぐ**接続詞**。
2. when ～「～するとき」などが**文の前半**に置かれる場合，**間をコンマで区切る。**
3. when [before, after] ～の部分は，**未来のことでも現在形**で表す。

CHECK 035

解答 ➡ p.284

（　　）内から適切なものを選びましょう。

□ (1) (After, When) I got up, my brother was taking a shower.

□ (2) I will go home (but, before) it gets dark.

TRY! 表現力

「私が～したとき，○○は…していました。」と言ってみましょう。

WORD LIST：got up, got home, cooking, watching TV, sleeping, playing video games

例　When I got up, my brother was cooking.

UNIT 3

if

Can-Do 接続詞 if を使って，「もし～なら…」と条件をつけて表現できる。

基本例文

A: Here's some water if you are thirsty.
B: Thank you.

意味
A：もしのどがかわいているなら，ここに水があるよ。
B：ありがとう。

1 接続詞 if の意味と働き

I will help you. You are busy.
↓「あなたは忙しい」＝条件を示す文
I will help you if you are busy.
（もしあなたが忙しいなら，私がお手伝いします。）

「もし～なら…」という意味で条件を表すときには，接続詞 if を使います。このとき，条件を示す部分の前に if が置かれることに注意しましょう。

You can go to bed now if you are tired.
＝If you are tired, you can go to bed now.
↑コンマで区切る
（もし疲れているなら，もう寝ていいですよ。）

if ～ の部分が文の前半に置かれることもあります。その場合は，間をコンマで区切ります。

if ～ の部分を前に持っていくときは，必ずコンマをつけるんだね！

もっと！

〈命令文 , and [or] ～.〉の書きかえ

〈命令文，and [or] ～.〉（➡p.115）は，if を使って表すこともできる。

Come here, and you will see better.
（ここへ来なさい，そうすればもっとよく見えますよ。）
＝If you come here, you will see better.
（ここへ来れば，もっとよく見えますよ。）

Put your coat on, or you'll catch a cold.
（コートを着なさい，さもないとかぜをひきますよ。）
＝If you don't put your coat on, you'll catch a cold.
（コートを着ないと，かぜをひきますよ。）

2 未来の内容でも現在形

(○) **I'll go fishing if it is fine tomorrow.**
現在形
(×) **I'll go fishing if it will be fine tomorrow.**
(もし明日晴れたなら，私は魚つりに行くつもりです。)
(○) **If I see him, I'll tell him.**
現在形
(×) **If I will see him, I'll tell him.**
(もし彼に会ったら，彼に伝えておきます。)

条件を示す if ～ の部分では，未来のことでも現在形で表すので注意しましょう。

接続詞 when や before も同じ

when や before を使ったときも，when[before] に続く部分は，未来の内容でも現在形で表す。
I'll clean my room before my mother comes home.
(母が帰ってくる前に私は部屋をそうじするつもりです。)

まちがえないよう注意して！ when のときと同じだよ！

7 章 接続詞

POINT

1 if は「**もし～なら…**」と**条件**を示すときに使う。
2 条件を示す if ～ の部分では，**未来のことでも現在形**で表す。

CHECK 036

解答 ➡ p.284

(　　) 内から適切なものを選びましょう。
□ (1) I will play tennis (if, but) I have time next Sunday.
□ (2) If you (will hurry, hurry) up, you will be on time.

「もし来週末に時間があれば，～するつもりだ。」と言ってみましょう。

WORD LIST：bake cookies, read a book, watch movies, next weekend

例 I will bake cookies if I have time next weekend.

UNIT

because

Can-Do 接続詞 because を使って，理由や原因をつけて表現できる。

基本例文

I stayed at home last Sunday because it was raining.

意味 雨が降っていたので，私は先週の日曜日は家にいました。

1 接続詞 because の意味と働き

I can't run.　　**I'm very tired.**
↓「私はとても疲れている」＝理由を示す文
I can't run because I'm very tired.
（私はとても疲れているので，走れません。）

「～だから…」「～ので…」というように理由を表すときには，接続詞 because を使います。このとき，理由を示す文の前に because が置かれることに注意しましょう。また，理由を表す because ～の部分は，ふつう文の後半に置かれます。

2 Why ～？には Because ～. で答える

Why did you go to the store?
（なぜあなたはその店に行ったのですか。）
— Because I wanted a new magazine.
（新しい雑誌がほしかったからです。）

Why ～？（なぜ～か。）という疑問文に対しては，because を使って答えることが多く，その場合，〈Because＋理由を示す文 .〉だけを言うのがふつうです。

その他の理由を表す接続詞

as（～なので），**since**（～だから）も理由を表す接続詞として使われる。ただし，これらは because とは異なり，文の前半に置かれることが多い。

As［**Since**］he was busy, he didn't come to the party.
（彼は忙しかったので，パーティーに来なかった。）

ただし，このような As ～，は少し古風な言いまわしで，今はあまり使われない。

〈Because＋文.〉のみの形は，Why ～？に対する答えのときだけに使われ，ふつうは文と文をつなぐ働きをします。

(○) She can't come **because** she is busy.
（彼女は忙しいので，来られません。）

(×) She can't come. Because she is busy.

Why ～？への答え方

Why ～？に対して，理由ではなく**目的**を答えるときは，To ～.（～するためです。）と答えることもある（➡p.133）。

Why did you go to that store?
— To buy some milk.
（なぜあの店に行ったのですか。
—牛乳を買うためです。）

理由や原因を表す because ～ の文は，基本的にはいつももう１つの文につなげて使うんだね！

POINT

1. because は「**～だから…**」「**～ので…**」と**理由**を示すときに使う。
2. because ～ の部分は，**文の後半**で使われることが多い。
3. **Why ～？**に対して理由を答えるときは，〈**Because**＋**文.**〉の形で答える。

CHECK 037

解答 ➡ p.284

まちがいを直して全文を書きなさい。

☐ (1) I like winter when I like snow.

☐ (2) I was tired. Because I worked hard.

TRY! 表現力

理由とともに，自分の好きな季節を言ってみましょう。

WORD LIST：spring, summer, fall, winter, I can enjoy ～, we have ～

例 I like spring because I can enjoy beautiful cherry blossoms.

UNIT 5

that

Can-Do 接続詞 that を使って，考えや意見を述べることができる。

基本例文

A: Do you know that tomorrow is Valentine's Day?
B: Yes. I hope that Mari will give me chocolate.

意味
A：明日はバレンタインデーだって知っている？
B：うん。マリがチョコレートくれるといいなって思ってるんだ。

1 接続詞 that の意味と働き

I think that English is fun. （私は，英語は楽しいと思います。）

「～だと思う。」と言うときには，〈**I think that ～.**〉という形で表します。この that は，I think という文と English is fun という文をつなぐ接続詞です。

I think that English is fun.＝I think English is fun.
↑ that が省略されている

話しことばでは，この that はよく省略されますが，省略されても意味は同じです。

接続詞 that が後ろに続く動詞には，次のようなものがあります。

believe	信じる	**know**	知っている	**hear**	聞く
say	言う	**hope**	望む	**think**	思う

2 時制の一致

know や think など，中心となる文の動詞が過去のとき，that 以下の動詞［助動詞］も過去形になります。これを**時制の一致**と言います。

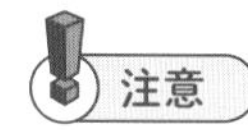
注意

「あれ」とはちがう

遠くにあるものをさす that（あれ，あの）と区別しよう。
I know **that** boy.
（私は**あの**少年を知っています。）

もっと！

「～ではないと思う」

日本語では，下のどちらでもよい。
私は，トムは犬を
（○）好きではないと思う。
（○）好きだと思わない。
ところが英語では，下のように I **don't** think ～. のほうが一般的。やわらかな表現として好まれる。
（○）I **don't** think that Tom likes dogs.
（×）I think that Tom **doesn't** like dogs.

現在形 （私たちは，彼が熱心に働くと知っています。）

We	know	that	he	works	hard.

過去形 （私たちは，彼が熱心に働くと知っていました。）

We	knew	that	he	worked	hard.

現在形 （私は，彼は来るだろうと思います。）

I	think	that	he	will	come.

過去形 （私は，彼は来るだろうと思いました。）

I	thought	that	he	would	come.

ただし日本語では，時制の一致はないので，that 以下の動詞が過去形になっても，「～だった」というふうには言いません。

現在・未来のとき

時制の一致が起こるのは，know や think が過去のときだけ。現在や未来のときには時制の一致は起こらない。

日本語には「時制の一致」のルールはないから，that の前後の動詞を注意深く確認してね！

POINT

1. 「**～だと思う［知っている］**」などと言うときは，**接続詞 that** を使う。
2. 接続詞 that は**省略されることが多い。**
3. know や think が**過去形**のとき，**that 以下の動詞も過去形になる（時制の一致）**。

CHECK 038

解答 ➜ p.284

（　　）内から適切なものを選びましょう。

□ 明日はいい天気になると思います。

I (don't think, think) that the weather will be good tomorrow.

明日の天気・天候について，自分の予想を言ってみましょう。

WORD LIST：sunny, rainy, cloudy, windy, cool, warm, cold, hot, good

例 I think that the weather will be rainy tomorrow.

この章の整理 CHAPTER 7

接続詞

UNIT 1 and, or, but

Jim and I are good friends.　ジムと私は仲のよい友だちです。

- and は,「～と～」「～, そして～」の意味で, 語（句）と語（句), 文と文をつなぐのに使う。

Do you want to play soccer or baseball?　サッカーと野球のどちらをしたいですか。

- or は,「あるいは～」「それとも～」と, 選択肢を示すときに使う。

He was rich, but he wasn't happy.　彼は金持ちでしたが, 幸せではありませんでした。

- but は,「しかし～」「～だが」の意味で, 前と逆のことや予想外のことを述べるときに使う。

UNIT 2 when, before, after

She was cooking when I came home.　私が帰宅したとき, 彼女は料理をしていました。
When I came home, she was cooking.　私が帰宅したとき, 彼女は料理をしていました。

- when は,「～するとき」の意味の接続詞で, 文と文をつなぐ。
- when ～の部分は文の前半にも後半にも置かれるが, 前半に置かれるときは, 直後にコンマを入れる。

Wash your hands before you eat.　食べる前に手を洗いなさい。
Take this medicine after you eat.　食べたあとにこの薬を飲みなさい。

- before「～する前に」と after「～したあとに」も, 文と文をつなぐ接続詞。
- when [before, after] ～の部分は, 未来のことでも現在形で表す。

UNIT 3 if

You can go home if you are tired.　もし疲れているなら, 帰っていいです。

この章で学習したことを，もう一度チェックしてみよう！

If you are tired, you can go home. もし疲れているなら，帰っていいです。

- if は，「もし～なら…」と条件を示す接続詞で，文と文をつなぐ。
- if ～ の部分は文の前半にも後半にも置かれるが，前半に置かれるときは，直後にコンマを入れる。
- if ～ の部分は，未来のことでも現在形で表す。

UNIT 4 because

I didn't go out because it was raining. 雨が降っていたので，私は外出しませんでした。

- because は，「～だから…」「～ので…」と理由を表すときに使う接続詞で，文と文をつなぐ。
- because ～ の部分は，ふつう文の後半に置かれる。

Why are you crying? なぜあなたは泣いているのですか。
— Because I'm lost. 一道に迷ったからです。

- Why ～？に対して理由を答えるときは，〈Because＋文.〉の形で答える。

UNIT 5 that

I think (that) English is fun. 私は，英語は楽しいと思います。

- 「～だと思う［知っている］。」などというとき，接続詞 that を使うが，省略されることも多い。
- 接続詞 that が後ろに続く動詞には，believe（信じる），know（知っている），hear（聞く），say（言う），hope（望む），think（思う）などがある。

We knew (that) he was a teacher. 私たちは彼が先生だと知っていました。
I thought (that) she would give me a present. 私は彼女が私にプレゼントをくれるだろうと思っていました。

- know や think が過去のとき，that 以下の（助）動詞も過去になる。これを時制の一致という。
- 日本語では時制の一致はないので，that 以下の動詞が過去形でも「～する［である］と」のように表す。

定期テスト対策問題

解答 ➜ p.284

問 1 and, or, but

次の日本語を英語にしなさい。

(1) 由美 (Yumi) と私は昨日，その公園に行きました。

____

(2) 私は貧乏ですが，幸せです。

____

(3) その赤ちゃんは男の子ですか，それとも女の子ですか。

____

問 2 時を表す接続詞

日本語に合うように，(　　) 内の語句を並べかえなさい。

(1) 私はテレビを見る前に宿題を終わらせました。
I finished my homework (I / TV / before / watched).
I finished my homework ______________________________ .

(2) 私たちがユキを訪ねたとき，彼女は眠っていました。
Yuki (sleeping / when / visited / was / we / her).
Yuki ______________________________ .

(3) 食べたあと歯をみがかなければいけません。
You must (after / teeth / eat / brush / you / your).
You must ______________________________ .

(4) あなたはここにいる間に何がしたいですか。
What would you like to do (here / you're / while)?
What would you like to do ______________________________ ?

問 3 理由を表す接続詞

日本語に合うように，＿＿に適切な 1 語を入れなさい。

(1) 車が故障したので遅れました。
I was late ＿＿＿＿＿＿ my car broke down.

(2) なぜ彼女は新しいドレスを着ているのですか。—彼女は今日パーティーに行くからです。
＿＿＿＿＿＿ is she wearing a new dress?
— ＿＿＿＿＿＿ she is going to a party today.

問4 if / because / that

次の2文を（　　）内の語を使って1つの文にしなさい。

(1) You can find the station. You turn left. (if)

____

(2) Kazuo couldn't take the train. He got up late. (because)

____

(3) She will pass the exam. I hope. (that)

____

問5 いろいろな接続詞

次の文の（　　）内のうち適切なものを選び，○で囲みなさい。

(1) Be quick, (and / but / or) you can catch the bus.

(2) You must hurry up, (and / but / or) you will be late for school.

(3) My mother was cooking (if / that / when) I got home.

(4) I'll give this bag to you (if / that / when) you like it.

問6 接続詞を使った表現

次の絵を見て，意味が通じる対話になるように，（　　）に最も適切なものを下から選んで記号で答えなさい。

(1) A: (　　　　), will you help me?　　　　(　　　)
B: Sure.

(2) A: (　　　　) the team will win.　　　　(　　　)
B: You're right. They should practice more.

(3) A: (　①　) tomorrow is Ms. Brown's birthday?　　　　①(　　　)
B: Yes. We made a card for her.　　　　②(　　　)
A: That's nice. (　②　) she will like it.

ア Did you know　　　　イ If you have time
ウ I'm sure　　　　エ I don't think

＼ 現役先生方に聞いた！ ／

あるある 誤答ランキング

中学校の先生方が，「あるある！」と思ってしまう，生徒たちのよくありがちな誤答例です。「自分は大丈夫？」としっかり確認して，まちがい防止に役立ててください。

第1位

問題 次の日本文を英語に直しなさい。
海で泳ぐことができるので，私は夏が好きです。

×
I like summer. Because I can swim in the sea.

あるある！

正しい英文： **I like summer because I can swim in the sea.**

〈Because＋主語＋動詞～.〉を単独で使えるのは Why ～？の答えのときだけ。それ以外は，必ず 2 文をつなぎます。

第2位

問題 次の日本文を英語に直しなさい。
私が帰ってきたとき，母は料理をしていました。

×
I came home when my mother was cooking.

あるある！

正しい英文： **When I came home, my mother was cooking. / My mother was cooking when I came home.**

日本文は「私が帰ってきたとき」なので，when I came home ～ です。上の誤答では，「母が料理をしていたとき」となってしまいます。

第3位

問題 次の日本文を英語に直しなさい。
晴れたら泳ぎに行きましょう。

×
If it will be fine, let's go swimming.

あるある！

正しい英文： **If it is fine, let's go swimming.**

条件を示す if ～ の中では未来のことでも現在形で表します。接続詞の when や before を使う場合も，when[before] に続く部分は，未来の内容でも現在形で表します。

KUWASHII ENGLISH

中2 英語

8章

不定詞と動名詞

基本例文

の音声はこちらから

008

それぞれの英語表現が，実際の場面ではどのように使われるのかチェックしておこう！

UNIT 1 不定詞の名詞的用法

Can-Do 不定詞を使って，「〜すること（が好きだ）」「〜したい」と説明できる。

基本例文

A: Do you go to the library every day?
B: Yes. I like to read books.

意味
A：きみは毎日図書館に行くの？
B：うん。本を読むことが好きなんだ。

1 不定詞とは

〈**to＋動詞の原形**〉の形は「〜すること」「〜するために」（➡p.132）「〜すべき…」（➡p.136）などの意味を表します。この形を**不定詞**といいます。

不定詞では，to の後ろの動詞は必ず原形です。3 単現の s をつけたり過去形にしたり ing をつけたりすることはありません。

2 「〜すること」を表す不定詞（名詞的用法）

〈to＋動詞の原形〉で「〜すること」という意味を表すことができます。

like＋名詞　（私は音楽が好きです。）

I	like	music.

like＋不定詞　（私は歌うことが好きです。）

I	like	to sing.

like（〜が好きだ）の後ろに，名詞の代わりに不定詞 to sing を置くと「歌うことが好きだ」という意味になります。to sing は「歌うこと」という名詞に近いものになり，この不定詞は名詞と同じ働きをしています。ですから，この不定詞を**名詞的用法の不定詞**といいます。

注意

to の後ろは必ず原形

to の後ろの動詞は原形を使う。文の主語が Mika のように 3 人称単数であっても，
(×) Mika likes to *watches* TV.
とはしない。

もっと！

「〜することは…」

〈to＋動詞の原形〉が文の主語になって「〜することは…」という意味を表すこともあるが，その場合は動名詞（➡p.142）を使うほうが一般的。

3 いろいろな〈動詞＋不定詞〉

like の他にも，次のような動詞のあとに不定詞が使われます。

begin	**～し始める**	**hope**	**～することを望む**
start	**～し始める**	**need**	**～する必要がある**
decide	**～すると決心する**	**try**	**～しようとする**
forget	**～し忘れる**	**want**	**～したい**

I want to eat sushi.　**(私はすしが食べたいです。)**

want は「～がほしい」という意味ですが，後ろに「～すること」を表す不定詞を続けることで，「～することがほしい」→「～したい」という意味になります。

want to の短縮形

くだけた話しことばでは，want to を縮めて wanna とすることがある。これは歌の歌詞などでよく見られる。

日本語に工夫を！

名詞的用法の不定詞は「～すること」という意味だが，日本語なら次のように言う。

begin [start] to ～
(～することを始める
→ ～し始める)
forget to ～ (～することを忘れる → ～し忘れる)
try to ～ (～することを試みる → ～しようとする)

POINT

1. 〈**to＋動詞の原形**〉の形を**不定詞**という。
2. 「**～すること**」の意味を表す不定詞を**名詞的用法**と呼ぶ。
3. 名詞的用法の不定詞は，**特定の動詞の後ろにくる**ことが多い。

CHECK 039

解答 ➜ p.285

(　　) 内に適切な語を入れて文を完成させましょう。

☐ (1) Mr. Smith began (　　　　) (　　　　) about the book.
スミス先生はその本のことを話し始めました。

☐ (2) Do you (　　　) (　　　) (　　　) this dictionary?
あなたはこの辞書を使いたいのですか。

TRY! 表現力

自分の行きたい場所や，やりたいことを言ってみましょう。

WORD LIST：want, visit, go, there

例　I want to go to Tokyo Dome. I want to watch a baseball game there.

UNIT 2

不定詞の副詞的用法①（目的）

Can-Do 不定詞を使って，「～するために」と動作の目的を説明できる。

基本例文

A: Where are you going?
B: I'm going home to practice the piano.

意味
A：どこへ行くの？
B：ピアノの練習をするために家に帰るところよ。

1 「～するために」を表す不定詞（副詞的用法①）

〈to＋動詞の原形〉は「～すること」の意味を表すほかに，「～するために」という目的を表すことができます。

I went to my room.
（私は自分の部屋へ行きました。）
I went to my room to listen to music.
（私は音楽を聞くために自分の部屋へ行きました。）

この不定詞は動詞を修飾していて，副詞と同じ働きをしているので，**副詞的用法の不定詞**といいます。

不定詞のちがい
同じ形の不定詞でも，文中での働きがちがえば意味が異なるので気をつけよう。
I want to listen to music.
（私は音楽を聞きたい。）
I went to the room to listen to music.
（私は音楽を聞くためにその部屋に行きました。）

2 come and see＝come to see

He will come to see you next week.
＝He will come and see you next week.
（彼は来週，あなたに会いに来るでしょう。）

「会いに来る［行く］」と言うとき，come[go] のすぐあとに不定詞をおいて，come[go] to see と表します。この to see は副詞的用法の不定詞です。また，come[go] のあとの to を and に置きかえても同じ意味を表せます。

come to see と come and see は同じ意味になるんだね。

3 Why ～？に To ～. で答える

Why did you go to Sapporo Dome yesterday?
（なぜあなたは昨日，札幌（さっぽろ）ドームへ行ったのですか。）
— Because I wanted to watch a baseball game.
（野球の試合を見たかったからです。）
— To watch a baseball game.
（野球の試合を見るためです。）

Why ～？(なぜ～ですか。) という問いに対して，理由を答えるときは because (～だから) を使って答えますが (➜p.120)，目的を答えるときは不定詞を使って **To ～.** (～するためです。) と簡潔に言うこともできます。

不定詞の前の文は省略される

Why ～？に対して To ～. と目的を答えるとき，本来 to の前にあるべき文は省略されるのがふつう。
Why do you practice tennis every day?
（なぜあなたは毎日テニスを練習するのですか。）
—(I practice tennis every day) To become a better player.
（よりよい選手になるためです。）

POINT

1. 「**～するために**」と**目的**を表す不定詞を**副詞的用法**と呼ぶ。
2. 〈**come [go] to＋動詞の原形**〉で，「**～しに来る［行く］**」という意味を表す。
3. Why ～？に対して，不定詞を使って **To ～.** (**～するためです。**) **と目的を答える**ことができる。

CHECK 040

解答 ➜ p.285

(　　) 内から適切なものを選びましょう。

☐ (1) She went to the post office (to buys, to buy) stamps.
☐ (2) I go to the park every morning (took, to take) a walk.

TRY! 表現力

不定詞を使ってその目的も示しながら，自分の行きたい場所を表現してみましょう。

WORD LIST：want, would like to, visit, go

例　I would like to visit Tokyo Skytree to see the beautiful view.

UNIT 3

不定詞の副詞的用法②（原因）

Can-Do 不定詞を使って,「〜して」と感情の原因を説明できる。

基本例文

A: Did you see David last week?
B: Yes, I did. I was very glad to see him.

意味
A：あなたは先週，デイビッドに会ったの？
B：そうなのよ。彼に会えてとてもうれしかったわ。

1 「〜して…」を表す不定詞（副詞的用法②）

We are glad to see you again.
glad：形容詞　to see you again：不定詞（不定詞→形容詞）
（私たちはまたあなたに会えてうれしいです。）

不定詞〈to＋動詞の原形〉は，**感情を表す形容詞**のあとに置かれて「〜して…」という意味を表すことがあります。これは，その感情が起こった原因を表しています。

この働きは，すぐ前の形容詞を修飾する副詞の働きをしているので，不定詞の副詞的用法の１つということができます。

どうしてうれしいのか，どうして悲しいのかなど，感情の理由を示す不定詞の用法なんだね。

2 感情を表す形容詞

この用法の不定詞は，次のような表現がよく使われます。

be glad [happy] to 〜	「〜してうれしい」
be sad to 〜	「〜して悲しい」
be sorry to 〜	「〜して残念だ」
be surprised to 〜	「〜して驚く」

glad と happy

glad と happy はどちらも「うれしい」という意味で使われる語だが，次のようなちがいがある。
glad：その場の瞬間的なうれしさを表す。また，感謝やほっとしたニュアンスが含まれることもある。
happy：glad よりもうれしい度合いがやや強く，比較的長くうれしい気持ちが続くときに使われる。

I was very sad to lose my old friend.
形容詞 ← 不定詞
(私は古くからの友人を失ってとても悲しかったです。)

I'm sorry to hear the news.
形容詞 ← 不定詞
(私はその知らせを聞いて残念です。)

I was surprised to get a phone call from John.
形容詞 ← 不定詞
(私はジョンから電話をもらって驚きました。)

「すみません」の sorry

sorry は「残念だ」という意味の他に,「すみません,申し訳ない」という意味でも使われる。
I'm **sorry** to change our plans.
(私たちの計画を変更してしまいすみません。)

POINT

1. 「〜して…」と**感情の原因**を表す不定詞も**副詞的用法**の1つ。
2. **glad, sad, sorry, surprised** などの**感情を表す形容詞**とともに使われる。
3. 感情を表す形容詞のあとに不定詞が置かれ,**後ろから前の形容詞を修飾**する。

CHECK 041

解答 → p.285

(　　)内を正しく並べかえましょう。

□ (1) I'm (to / hear / sad) about the accident.

□ (2) I (see / surprised / was / to) Ted in the school library.

TRY! 表現力

「私は〜して驚きました。」と言ってみましょう。

WORD LIST : hear the news, get a letter from 〜, see 〜 at the station

例 I was surprised to see Mr. Hara at the station.

UNIT

不定詞の形容詞的用法

Can-Do 不定詞を使って，「～するための」と名詞を説明することができる。

基本例文

A: Are you free now?
B: No, I have a lot of things to do now.

意味
A：今，ひま？
B：いや，ぼくは今，するべきことがたくさんあるんだ。

1 「～するための」を表す不定詞（形容詞的用法）

〈to＋動詞の原形〉は「～するための」「～すべき」の意味を表して，すぐ前にある名詞［代名詞］を修飾することができます。

We had no time.
（私たちには時間がありませんでした。）
We had no time to wait for him.
（私たちには彼を待つ（ための）時間がありませんでした。）

この不定詞は，形容詞と同じように名詞を修飾する働きをするので，**形容詞的用法の不定詞**といいます。

2 不定詞は名詞のあとに置く

形容詞　名詞　不定詞
I have some books to read this week.
（私には今週読むべき本が何冊かあります。）

形容詞が名詞を修飾する場合は，some books（何冊かの本）のように〈形容詞＋名詞〉の語順になります。しかし，不定詞の場合は，修飾する名詞のすぐあとに置いて，〈名詞＋不定詞〉の語順になります。

不定詞＋前置詞

play with friends（友だちと遊ぶ）のように，動詞と名詞の間に前置詞が必要な場合，前置詞は不定詞のあとについて，〈名詞＋不定詞＋前置詞〉の形になる。
He has no friends to play with.
（彼にはいっしょに遊ぶ友だちがいません。）

不定詞は，
名詞を後ろ
から説明す
るんだね！

3 〈～thing＋不定詞〉

Give me something.　**(私に何かください。)**

Give me something to drink.

(私に何か飲むものをください。)

形容詞的用法の不定詞は，something (何か)，nothing (何も～ない) など ～thing の形の代名詞を修飾することもできます。

代名詞　形容詞　不定詞

Give me something hot to drink.

(私に何か温かい飲みものをください。)

～thing の代名詞を形容詞が修飾する場合，形容詞はその後ろに置きます。形容詞と不定詞の両方が修飾する場合は，形容詞のさらに後ろに不定詞が続き，〈～thing＋形容詞＋不定詞〉の語順になります。

日本語では

この不定詞は「～するための」「～すべき」を意味するが，そのまま日本語にしようとすると不自然になることがある。自然な日本語になるように工夫しよう。

something **to drink**

「飲むための何か」

→「何か飲むもの」

POINT

1 「**～するための…**」「**～すべき…**」の意味を表す不定詞を**形容詞的用法**と呼ぶ。

2 形容詞的用法の不定詞は，**後ろから前の名詞［代名詞］を修飾**する。

3 形容詞的用法の不定詞は，**～thing の形の代名詞を修飾**することもできる。

CHECK 042

解答 ➜ p.285

(　　) 内から適切なものを選びましょう。

□ (1) Do you want (to anything, anything to) drink?

□ (2) I need a pen to (write, write with).

外国から来た人に，「京都には，訪れる場所がたくさんありますよ。」と伝えましょう。

WORD LIST：visit, many places

例　There are many places to visit in Kyoto.

UNIT 5

It is ... (for —) to ～. の文

Can-Do 「～することは（—にとって）…である」と説明することができる。

基本例文

A: Are you still reading that book?
B: Yes. It's not easy for me to read English books.

意味
A：まだその本，読んでるの？
B：そうだよ。英語の本を読むのはぼくには簡単なことじゃないんだよ。

1 It is ... to ～. の文

（数学を勉強することは大切です。）

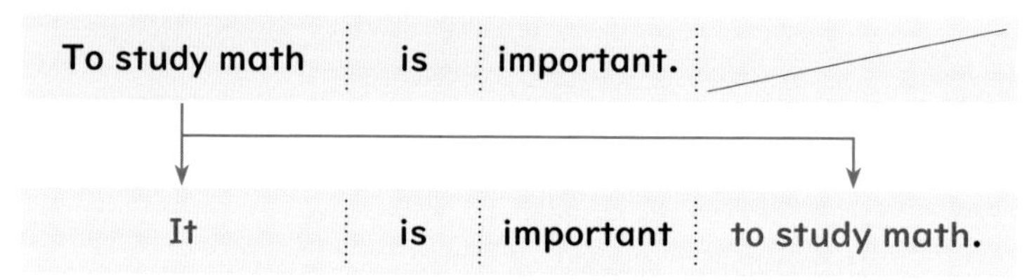

上の例文の To study math は不定詞で，文の主語です。ところが，英語には主語が長くなる文を避ける傾向があるので，その下の例文のように It を形式的に主語の位置に置き，本当の主語である不定詞を文の後ろに続けることがあります。この It を**形式主語**といいます。

この形の文を日本語にするときは，本当の主語である不定詞以下を「～することは」と先に言います。形式主語の It には意味がないので，「それは」と日本語で言わないように注意しましょう。

2 It is ... for — to ～. の文

It is easy for me to get up early.
└to get up をする人は me
（早く起きることは私にとって簡単です。）

形式主語

左の文のような It は，形式的に置かれるだけなので「形式主語」と呼ばれる。「仮主語」と呼ばれることもある。それに対し，この文の本当の主語は to ～ である。
下の例文では，get up するのは John で，このように for のあとにくる人（もの）を「意味上の主語」と呼ぶ場合もある。
It is difficult for John to get up early.
（ジョンにとって，早起きすることは難しい。）

to の後ろは動詞の原形

本当の主語となる to ～ は不定詞なので，to の後ろは必ず動詞の原形を続ける。

不定詞の動作をする人がだれかを表すときは，不定詞の前に〈for＋人〉（～にとって）を置きます。

for の後ろは目的格

〈for＋人〉の〈人〉に代名詞が入るときは，me，him，them などの目的格の形になる。

3 否定文と疑問文

It is not **dangerous** to swim **in this river.**
（この川で泳ぐことは危険ではありません。）
Is it fun for **you** to watch **soccer games?**
（サッカーの試合を見ることはあなたにとっておもしろいですか。）

It is ... (for ―) to ～. の文は，be 動詞を使った文なので，be 動詞のあとに not を入れると否定文に，be 動詞を主語の前に出すと疑問文になります。

否定文や疑問文の作り方は，ふつうの be 動詞の文と同じだね。

POINT

1. **It is ... to ～.** の形で「**～することは…です。**」という意味を表す。
2. to ～ の動作をする人を表すには，**to ～ の前に〈for＋人〉を置く。**
3. 否定文・疑問文の作り方は，**ふつうの be 動詞の文と同じ。**

CHECK 043

解答 ➔ p.285

(　　) 内から適切なものを選びましょう。

☐ (1) (This, It) is important to learn about foreign cultures.
☐ (2) It is easy for her (to, for, of) play the piano well.

TRY! 表現力

「私にとって～することは簡単です。」と言ってみましょう。

WORD LIST：speak English, play the guitar, cook dinner, use a computer, ride a bike

例　It is easy for me to cook dinner.

UNIT 6

〈疑問詞＋to＋動詞の原形〉

Can-Do 疑問詞＋不定詞の形で「～の仕方」などを表現できる。

基本例文

A: Do you know how to get to the stadium?
B: No. Why don't you check your smartphone?

意味
A：スタジアムへの行き方を知ってる？
B：いいえ。あなたのスマートフォンで調べてみたら？

1 〈how to＋動詞の原形〉

I know how to use this computer.
（私はこのコンピューターの使い方を知っています。）

〈how to＋動詞の原形〉は「～の仕方」「どのように～すればよいか」という意味になります。to の後ろは動詞の原形を続けます。

（私は水泳が好きです。）

I	like	swimming.

（私は泳ぎ方を知っています。）

I	know	how	to	swim.

また，〈how to＋動詞の原形〉は，１つの名詞と同じ働きをして，know（知っている）や learn（習う）などの動詞のあとに置かれることが多いです。

to の後ろは動詞の原形

how に続く to ～ も不定詞なので，to の後ろは必ず動詞の原形を続ける。

2 いろいろな〈疑問詞＋to＋動詞の原形〉

how 以外の疑問詞を使った〈疑問詞＋to＋動詞の原形〉の表現もあります。

what to ～　「何を～すればよいか」
when to ～　「いつ～すればよいか」
where to ～　「どこで［に］～すればよいか」
which to ～　「どちら［どれ］を～すればよいか」

I didn't know what to say.
（私は何を言えばよいかわかりませんでした。）
I want to know when to start.
（私はいつ出発すればよいか知りたいです。）
Do you know which to buy?
（あなたはどちらを買えばよいか知っていますか。）

〈what＋名詞＋to ～〉

what や which は，後ろに名詞を置いて，次のような形で使われることもある。
Do you know **what book to buy**?
（あなたは**どんな本を買ったらよいか**わかりますか。）
I don't know **which way to go.**
（私はどちらの道を行けばよいかわかりません。）

POINT

1. **how to ～** で「**～の仕方**」「**どのように～すればよいか**」という意味。
2. いろいろな疑問詞を使って〈**疑問詞＋to＋動詞の原形**〉と表すことができる。

CHECK 044

解答 ➜ p.285

（　　）内を正しく並べかえましょう。

☐ (1) I want to (to / what / know / see) in Kyoto.
☐ (2) I don't (where / buy / to / know) the ticket.

TRY! 表現力

「私は～の仕方を知っています。」と言ってみましょう。

WORD LIST：play the guitar, play rugby, use this computer, cook curry, make a cake

例　I know how to play the guitar.

UNIT 7

動名詞の意味と形

Can-Do 動名詞を使って,「〜すること（が好きだ）」「〜して楽しむ」と表現できる。

基本例文

A: Where did you go last Sunday?
B: I went to the beach. I enjoyed surfing!

意味
A：この前の日曜日はどこへ行ったの？
B：ビーチに行ったよ。サーフィンをして楽しんだんだ！

1 動名詞とは

ski（動詞：スキーをする）→ skiing（動名詞：スキーをすること）

動名詞とは,「〜すること」という意味を表す動詞の ing 形のことです。名詞と同じ働きをするので動名詞といいます。

2 〈動詞＋動名詞〉

They stopped talking.（彼らは話すことをやめました。）

動名詞は，動詞のあとに来て動詞の目的語（➡p.104）になることができます。おもに次のような動詞のあとに動名詞がよく使われます。

begin	〜し始める	finish	〜し終える
start	〜し始める	like	〜するのが好き
enjoy	〜して楽しむ	stop	〜するのをやめる

3 主語などになる動名詞

Walking is good for your health.〈主語〉
（歩くことは健康によいです。）

進行形の 〜ing と同じ形

動名詞は，進行形で使われる動詞の ing 形と同じ形。2つを混同しないよう注意しよう。
〈動名詞の ing 形〉
Aki's hobby is growing flowers.
（アキの趣味は花を育てることです。）
〈現在進行形の ing 形〉
Aki is growing flowers.
（アキは花を育てています。）
（現在進行形の ing 形➡p.24をチェック！）

動名詞は単数扱い

動名詞は名詞の単数形と同じように扱う。動名詞が主語になったときは注意。
（×）Reading books are fun.
（○）Reading books is fun.

動名詞は名詞と同じ働きをします。文の主語になったり，be 動詞のあとや前置詞のあとに来たりすることもあります。

4 動名詞を含む慣用表現

動名詞を含む慣用表現には，以下のようなものがあります。

feel like ～ing	**～したい気がする**
look forward to ～ing	**～するのを楽しみにする**
How about ～ing?	**～するのはどうですか。**

I feel like fishing **with my father today.**
(今日は父と魚つりに行きたい気分**です。)**
I'm looking forward to seeing **you again.**
(再びあなたにお会いできるのを楽しみにしています**。)**

注意

前置詞のあとは動名詞

不定詞（to＋動詞の原形）の名詞的用法（➡p.130）と同じく，動名詞は目的語・主語・補語になれる。ただし動名詞は前置詞のあとに置けるが，不定詞は置けないというちがいがある。

その他の慣用表現

cannot help ～ing
～せずにいられない
There is no ～ing.
～することはできない。
Would you mind ～ing?
～してくれませんか。

POINT

1. **動名詞**は，**動詞の ing 形**で，「**～すること**」の意味を表す。
2. 動名詞は，**特定の動詞の後ろに置かれる**ことが多い。
3. 動名詞は，文の**主語**や**補語**として，また**前置詞のあと**でも使われる。

CHECK 045

解答 ➡ p.285

（　　）内から適切なものを選びましょう。

□ (1) She likes (dance, dancing).
□ (2) Ken is good at (to play, playing) tennis.

TRY! 表現力

動名詞を使って，自分の趣味や，好きなことについて言ってみましょう。

WORD LIST：like, enjoy, play, my hobby

例 I like skiing. / My hobby is playing the piano.

8章 不定詞と動名詞

UNIT 8

不定詞と動名詞

Can-Do 不定詞と動名詞の働きを理解し，使い分けできる。

基本例文

A: It started raining. I hope it will stop raining.
B: I tried making a *teruteru-bozu*. I wish to go out tomorrow.

意味
A：雨が降り始めたね。雨が止むのを望むよ。
B：てるてる坊主を作ってみたよ。明日は外に出られるといいな。

不定詞（名詞的用法）も動名詞も「～すること」の意味で動詞の目的語になりますが，どちらを目的語にとるかは動詞によって決まっています。

1 不定詞だけが目的語になる動詞

want（～したい） **wish**（～したいと思う）
hope（～することを望む） **promise**（～すると約束する）
decide（～すると決心する） など

2 動名詞だけが目的語になる動詞

enjoy（～して楽しむ） **mind**（～するのを気にする）
finish（～し終える） **practice**（～する練習をする）
give up（～するのをやめる） **stop**（～するのをやめる） など

3 どちらも目的語になる動詞

like（～するのが好きである） **begin**（～し始める）
love（～するのが大好きである） **start**（～し始める） など

stop のあとは…
I stopped **talking.**
（私は話すのをやめました。）
stop は動名詞だけが目的語になる。
一方，下の stop は「～するのをやめる」ではなく「立ち止まる」。
I stopped **to talk.**
（私は話すために立ち止まりました。）
この場合の to talk（不定詞）は，stop の目的語ではなく，「～するために」の意味を表す副詞的用法である。

Saori likes to play volleyball.
Saori likes playing volleyball.
(サオリはバレーボールをするのが好きです。)

これからするのか，もうしたのか…。全然意味がちがってくるね。

4 どちらも目的語になるが，意味が異なる動詞

try to ～	～しようとする
try ～ing	ためしに～してみる
remember to ～	忘れずに～する
remember ～ing	～したのを覚えている　など

I tried to write a letter in English.
(私は英語で手紙を書こうとしました。) ←できたかどうかは不明
I tried writing a letter in English.
(私はためしに英語で手紙を書いてみました。)

もっと！

不定詞と動名詞のちがい

try や remember の後ろに入るのが，不定詞の場合は，まだ起こっていないことやこれからしようとしていることを表す傾向があるのに対し，動名詞の場合はすでに起こったことや事実を表す傾向がある。

POINT

1. **目的語に不定詞をとるか動名詞をとるか**は，**動詞によって決まっている。**
2. **どちらも目的語になる動詞もある。**
3. どちらも目的語になるが，**意味が異なる動詞もある。**

CHECK 046

解答 ➡ p.285

(　　) 内から適切なものを選びましょう。

□ (1) He tried (to kick, kicking) the ball.　彼はためしにそのボールをけってみました。
□ (2) Emi enjoys (play, playing) the piano.　エミはピアノをひくのを楽しみます。

TRY! 表現力

雨が降り始めたということを，不定詞と動名詞を使って表現してみましょう。

WORD LIST：start, rain

例　It started raining. It started to rain.

この章の整理 CHAPTER 8

不定詞と動名詞

UNIT 1 不定詞の名詞的用法

I like to read books very much. 私は本を読むことがとても好きです。

● 〈to＋動詞の原形〉の形を不定詞と呼び，名詞的用法は「～すること」の意味を表す。

UNIT 2 不定詞の副詞的用法①（目的）

I'm going home to practice the piano. 私はピアノを練習するために家に帰ります。

● 「～するために」と目的を表す不定詞を副詞的用法と呼ぶ。

Why did you come? — To see you. なぜ来たのですか。—あなたに会うためです。

● Why ～？（なぜ～ですか。）という問いに対して理由を答えるときに，Because（～だから）の代わりに To ～. の形で「～するためです。」という意味を表すことができる。

UNIT 3 不定詞の副詞的用法②（原因）

I was very glad to see him. 私は彼に会えてとてもうれしかったです。

● 「～して…」と感情の原因を表す不定詞も，副詞的用法の1つ。
● glad，sad，sorry，surprised などの感情を表す形容詞とともに使われる。
● 感情を表す形容詞のあとに不定詞が置かれ，後ろから前の形容詞を修飾する。

UNIT 4 不定詞の形容詞的用法

I have a lot of things to do now. 私には今，するべきことがたくさんあります。

● 「～するための…」「～すべき…」の意味を表す不定詞を形容詞的用法と呼ぶ。
● 形容詞的用法の不定詞は，後ろから前の名詞を修飾する。

I want something to drink. 私は何か飲むものがほしいです。

● 形容詞的用法の不定詞は，～thing の形の代名詞を修飾することもできる。

この章で学習したことを，もう一度チェックしてみよう！

UNIT 5 It is ... (for ―) to ～. の文

It is difficult to play the guitar. ギターをひくのは難しいです。

- It is ... to ～. の形で「～することは…です。」という意味を表す。

It's not easy for me to run fast. 速く走ることは私にとって簡単ではありません。

- to ～ の動作をする人を表すには，to ～ の前に〈for＋人〉を置く。
- 否定文・疑問文の作り方は，ふつうの be 動詞の文と同じ。

UNIT 6 〈疑問詞＋to＋動詞の原形〉

Do you know how to swim? 泳ぎ方を知っていますか。

- how to ～ で「～の仕方」「どのように～すればよいか」という意味を表す。

Tell me where to go. どこに行けばよいか教えてください。

- 〈疑問詞＋to ～〉の表現には，what to ～「何を～すればよいか」，when to ～「いつ～すればよいか」，where to ～「どこで～すればよいか」，which to ～「どれを～すればよいか」などがある。

UNIT 7 動名詞の意味と形

He enjoyed skiing. 彼はスキーをして楽しみました。

- 動名詞は動詞の ing 形で，「～すること」の意味を表す。
- 動名詞は，特定の動詞の後ろに置かれるほか，文の主語や補語になる。前置詞のあとでも使われる。

UNIT 8 不定詞と動名詞

I remembered to call him. 私は彼に電話することを覚えていました。
I remembered calling him. 私は彼に電話したことを覚えていました。

- 目的語に不定詞をとるか動名詞をとるか，両方とり得るかは，動詞によって決まっている。
- 不定詞と動名詞のどちらも目的語になるが，意味が異なる動詞もある。

定期テスト対策問題

解答 ➜ p.285

問 1 名詞の働きをする不定詞

日本語に合うように，____に適切な1語を入れなさい。

(1) ジョンはその少女のことを話し始めました。
John began ________ ________ about the girl.

(2) あなたはこのケーキを食べたいのですか。
Do you ________ ________ eat this cake?

問 2 副詞の働きをする不定詞

日本語に合うように，(　　) 内の語句を並べかえなさい。

(1) ケンはそのバスに乗るために速く走りました。
Ken (to / the bus / fast / catch / ran).
Ken ________________________________.

(2) 私たちはいっしょに勉強できてとてもうれしいです。
We are very (to / together / study / happy).
We are very ________________________________.

(3) 遅れてすみません。 I (to / am / late / sorry / be).
I ________________________________.

問 3 形容詞の働きをする不定詞

日本語に合うように，____に適切な1語を入れなさい。

(1) エレンはテレビを見る時間がありません。
Ellen has no ________ ________ watch TV.

(2) 私に何か飲むものをください。
Please give me ________ ________ drink.

問 4 不定詞を使った文

次の各組の文がほぼ同じ意味を表すように，____に適切な1語を入れなさい。

(1) I must do a lot of homework today.
I ________ a lot of homework ________ ________ today.

(2) I was very glad when I heard the news.
I was very glad ________ ________ the news.

問 5 It is ... (for ―) to ～. の文

日本語に合うように，____に適切な 1 語を入れなさい。

(1) ここで走るのは危険です。

__________ is dangerous __________ run here.

(2) 英語を話すことはミナにとって簡単です。

__________ is easy __________ Mina __________ speak English.

問 6 〈疑問詞＋to＋動詞の原形〉の文

日本語に合うように，(　　) 内の語句を並べかえなさい。

(1) 私は今日どこに行けばよいか知りません。

I don't (where / today / go / to / know).

I don't ____ .

(2) あなたの妹は自転車の乗り方を知っていますか。

Does your sister (ride / to / know / a bike / how)?

Does your sister ____________________________________ ?

問 7 動名詞

日本語に合うように，____に適切な 1 語を入れなさい。

(1) 私の趣味は写真を撮ることです。

My hobby is __________ pictures.

(2) あなたは映画を見ることが好きですか。

Do you __________ __________ movies?

(3) いっしょに散歩はいかがですか。

How about __________ a __________ together?

(4) スポーツをすることは楽しいです。

__________ sports __________ fun.

(5) 私を招待してくれてありがとう。

Thank you for __________ __________ .

問 8 不定詞と動名詞

次の文の (　　) 内のうち適切なものを選び，○で囲みなさい。

(1) She hopes (live, to live, living) in Kobe in the future.

(2) I finished (draw, to draw, drawing) the picture.

(3) We enjoyed (play, to play, playing) soccer after school.

(4) I want (go, to go, going) to Europe someday.

中学校の先生方が，「あるある！」と思ってしまう，生徒たちのよくありがちな誤答例です。「自分は大丈夫？」としっかり確認して，まちがい防止に役立ててください。

第1位

問題　次の日本文を英語に直しなさい。
ぼくは昨日の夜，テレビゲームをしました。

×　I enjoyed play video games last night.

正しい英文：**I enjoyed playing video games last night.**

１つの文に２つの動詞（enjoy と play）をただ並べて使うことはできません。play は動名詞にして「～すること」という名詞に変えます。

第2位

問題　次の日本文を英語に直しなさい。
私は上野動物園でパンダを見たいです。

×　I want seeing the panda at Ueno Zoo.

正しい英文：**I want to see the panda at Ueno Zoo.**

「～したい」は〈want to＋動詞の原形〉で表します。want の後ろに動詞の原形や動名詞を入れてはダメ。

第3位

問題　次の日本文を英語に直しなさい。
ぼくは山田先生と話すために立ち止まりました。

×　I stopped talking with Mr. Yamada.

正しい英文：**I stopped to talk with Mr. Yamada.**

「～するために」は〈to＋動詞の原形〉（不定詞の副詞的用法）で表します。stop talking と動名詞を使うと，「話すことをやめる」という意味になってしまいます。

9章

比較

基本例文
の音声はこちらから

009

それぞれの英語表現が，実際の場面ではどのように使われるのかチェックしておこう！

UNIT 1

比較級の作り方（er）と文の形

Can-Do 2つのものを比較して表現できる。

基本例文

A: Your mother is very tall.
B: Yes, she is taller than me.

意味
A：きみのお母さんはとても背が高いね。
B：うん，私よりも背が高いよ。

1 比較級とは

Tokyo Skytree is taller than Tokyo Tower.
（東京スカイツリーは東京タワーよりも高いです。）

2つのものを比べて「…よりも～」と言うときには，形容詞の比較級を使います。比較級は，形容詞の原級にerをつけた形です。

「AはBよりも～です。」という文は，比較級の後ろにthan Bを続けて，〈A ...＋形容詞の比較級＋than B.〉の形で表します。

2 比較級の作り方

多くの形容詞は，そのままerをつけます。

cold（寒い）→ colder	small（小さい）→ smaller
long（長い）→ longer	tall（背が高い）→ taller
old（古い，年上の）→ older	young（若い）→ younger

語尾がeで終わる形容詞は，rのみをつけます。

large（大きい）→ larger	nice（すてきな）→ nicer

用語解説

原級

形容詞の，erなどがつかないもとの形のことを原級と呼ぶ。

thanのあとにくる代名詞

「彼は私よりも背が高い」は英語でどう表現するか。結論から言うと，次の3つはすべて正しい。
① He is taller than I am.
② He is taller than I.
③ He is taller than me.
thanは接続詞なので，後ろに〈主語＋動詞〉と続く①は正しい。また，最後のamを省略した②も正しいが，最近ではあまり使われなくなっている。Iの代わりにmeを使った③も正しい。口語では，thanの後ろに目的格を続ける言い方が増えてきているからだ。

語尾が〈短母音＋子音字〉で終わる形容詞は，**最後の1字を重ねて er** をつけます。

big（大きい）　→ **bigger**　　**hot**（暑い，熱い）→ **hotter**

語尾が y で終わる形容詞は，**y を i にかえて er** をつけます。

busy（忙しい）　→ **busier**　　**happy**（幸せな）　→ **happier**
easy（やさしい）→ **easier**　　**pretty**（かわいい）→ **prettier**

3 比較級の前につく語句

much（ずっと），**a little**（少し）などは比較級の前に置いてその比較級を修飾します。また，「3歳年上」などのように，比較するものの差を示す場合も，その語句を比較級の前に置きます。

もっと！

比較級の前につく語句

Mt. Fuji is much higher than Mt. Aso.
（富士山は阿蘇山よりもずっと高いです。）
Yuki is a little younger than Lisa.
（ユキはリサよりも少し若い［年下］です。）
My father is three years older than my mother.
（私の父は私の母よりも3歳年上です。）

9章 比較

POINT

❶ 2つのものを比べて「**A は B よりも～。**」と言うときには，〈**A ...＋形容詞の比較級＋than B.**〉の形を使う。

❷ 形容詞の**比較級は，多くの場合，語尾に er** をつけて作る。

CHECK 047

解答 ➜ p.286

（　　）内から適切なものを選びましょう。

☐ (1) This tower is (tall, taller) than that one.

☐ (2) My camera is (new, newer) than yours.

TRY! 表現力

自分より手の大きな人に会いました。「あなたの手は私の手より～です。」と言ってみましょう。

WORD LIST：hand, big, mine

例 Your hand is bigger than mine.

UNIT 2

最上級の作り方（est）と文の形

Can-Do 3つ以上のものを比較して「いちばん～だ」と表現できる。

基本例文

A: Ken is the tallest in his class.
B: He is also the fastest runner.

意味
A：ケンはクラスの中でいちばん背が高いね。
B：それに，彼は走るのもいちばん速いんだ。

1 最上級とは

Mr. Brown is the youngest of all the teachers.
（ブラウン先生はすべての先生の中でいちばん若いです。）

3つ以上のものを比べて「いちばん～」と言うときには，形容詞の最上級を使います。最上級は，形容詞の原級に est をつけた形です。また，最上級の前にはふつう the をつけます。

「A は…の中でいちばん～です。」という文は，最上級の後ろに of[in] ... を続けて，〈A ＿＋the＋形容詞の最上級＋of[in] ....〉の形で表します。

注意

〈最上級＋名詞〉

Mr. Brown is **the youngest teacher** in this school.
（ブラウン先生はこの学校で**いちばん若い先生**です。）
形容詞の最上級のあとに名詞を続けることもある。

注意

all the boys

all は the より前に置く。
He is the tallest of **all the boys.**
（彼は**すべての男子**の中でいちばん背が高いです。）
ただし，us や them などといっしょに使うときは，～ of us all（私たちすべての中で～）のように all をあとに置くことに注意。

2 「～の中で」を表す of と in

Ken is the tallest of the three boys.
（ケンは3人の少年の中でいちばん背が高いです。）
Ken is the tallest in his class.
（ケンはクラスの中でいちばん背が高いです。）

「…の中で」と言うとき，あとに同じ種類のもの（複数）を表す語句がくるときは of，場所や範囲（単数）を表す語句がくるときは in を使います。

3 最上級の作り方

多くの形容詞は，そのまま est をつけます。

long（長い） → **longest**　**tall**（背が高い） → **tallest**
old（古い，年上の） → **oldest**　**young**（若い） → **youngest**

語尾が e で終わる形容詞は，st のみをつけます。

large（大きい） → **largest**　**nice**（すてきな） → **nicest**

語尾が〈短母音＋子音字〉で終わる形容詞は，**最後の 1 字を重ね，**
語尾が y で終わる形容詞は，y を i に変えて，est をつけます。

big（大きい） → **biggest**　**happy**（幸せな） → **happiest**

「すべての〜の中で」

説明しなくてもわかるので，特に言う必要がない場合は，of [in] 〜 などは言わない。
Giraffes are the tallest animal.（キリンはいちばん背の高い動物です。）

「最も〜のうちの 1 つ」

〈one of the＋最上級＋名詞の複数形〉で「最も〜な…のうちの 1 つ」の意味。最上級のあとは名詞の複数形が続く。
Kyoto is **one of the oldest cities** in Japan.
（京都は日本で**最も古い都市のうちの 1 つ**です。）

POINT

1. 形容詞の**最上級は，語尾に est** をつけて作る。
2. 3 つ以上のものを比べて「**A は…の中でいちばん〜。**」と言うときには，〈**A __＋the＋形容詞の最上級＋of [in] ....**〉の形を使う。

CHECK 048

解答 ➡ p.286

（　　）内から適切なものを選びましょう。

- ☐ (1) This temple is the (oldest, older) in our town.
- ☐ (2) Tom is the (fast, fastest) swimmer in his class.

TRY! 表現力

「私はクラスでいちばん〜です。」「私は家族でいちばん〜です。」と言ってみましょう。

WORD LIST：fast, tall, short, strong, old, young, in my class, in my family

例　I am the fastest runner in my class. / I am the youngest in my family.

UNIT 3

more, most を使う比較級と最上級

Can-Do つづりが長い形容詞を使って，比較の表現ができる。

基本例文

A: This movie is shorter than that one.
B: But this movie is more interesting than that one.

意味
A：この映画はあの映画よりも短いね。
B：でも，この映画はあの映画よりもおもしろいよ。

1 more, most をつける形容詞

er, est をつけずに比較級・最上級を作る形容詞もあります。

① ful, ous, ing で終わる形容詞

beautiful（美しい）－ more beautiful － most beautiful
famous（有名な）－ more famous － most famous
interesting（おもしろい）－ more interesting － most interesting

②つづりの長い形容詞（3音節以上）

popular（人気のある）－ more popular － most popular
important（重要な）－ more important － most important

2 不規則な変化をする形容詞

形容詞の中には，語形そのものが変化して比較級・最上級を作るものもあります。

注意

比較級と more

er, est 型の比較級の前に more をつけることはない。
(○) I am **older** than Eri.
(×) I am *more* old than Eri.
(×) I am *more* older than Eri.

用語解説

音節

単語を発音するときの母音を中心とした音のまとまりを音節という。辞書などでは，〈・〉や〈-〉のようなしるしで音節の切れ目を示している。
fa-mous
pop-u-lar
dif-fi-cult

good（よい）	– better	– best
bad（悪い），**ill**（病気の）	– worse	– worst
many（〔数が〕多い），**much**（〔量が〕多い）	– more	– most
little（少しの）	– less	– least

3 文の形

more，most 型の比較級・最上級も，不規則変化の比較級・最上級も，文の形は er，est 型の比較級・最上級のときと同じです。

This smartphone is better than **mine.**
（このスマートフォンは私のよりもよいです。）
That church is the most beautiful in **this city.**
（あの教会はこの市で最も美しいです。）

2種類の比較級・最上級

意味のちがいにより，2種類の比較級・最上級を持つものもある。
old（年をとった）
〈年齢・古さ〉
older – oldest
〈兄弟などの年上〉
elder – eldest

代名詞 one

基本例文のように比較の文では，同じ名詞のくり返しを避けるために代名詞の one が使われることが多い。
This camera is older than that **one.**
（このカメラはあの**カメラ**よりも古いです。）

POINT

❶ **つづりの長い形容詞**などは **more，most を使って比較級・最上級を作る。**
❷ **不規則に変化**して比較級・最上級を作る形容詞もある。

CHECK 049

解答 ➡ p.286

（　　）内から適切なものを選びましょう。
☐ (1) Soccer is (popular, more popular) than baseball in my class.
☐ (2) What is (popular, the most popular) sport in Japan?

TRY! 表現力

日本でいちばん有名な場所を考えて，それを英語で言ってみましょう。

WORD LIST：famous, place, in Japan

例　Mt. Fuji is the most famous place in Japan.

UNIT 4

副詞の比較級，最上級

Can-Do 動詞と副詞を使い，2つのものを比べたり「いちばん～」と表現したりできる。

基本例文

A: Can you swim faster than Jiro?
B: No. He swims the fastest in this school.

意味
A：あなたはジロウよりも速く泳げるの？
B：いや。彼はこの学校でいちばん速く泳ぐんだ。

1 副詞の比較級・最上級

副詞にも，原級・比較級・最上級の3つの形があります。作り方は形容詞と同じく，原級に er，est をつけます。

hard（熱心に） - **harder** - **hardest**
late（遅く） - **later** - **latest**

ly で終わる副詞は more，most をつけます。

quickly（すばやく） - **more quickly** - **most quickly**
slowly（ゆっくりと） - **more slowly** - **most slowly**

形容詞と同様に，不規則に変化するものもあります。

well（よく，上手に） - **better** - **best**
badly（悪く） - **worse** - **worst**
much（多く，非常に） - **more** - **most**
little（少し） - **less** - **least**

形容詞と副詞

He is a **fast** runner.
（彼は足が**速い**走者です。）
He runs **fast**.
（彼は**速く**走ります。）
上の文の **fast** は形容詞で，「**速い** → 走者」と名詞を修飾しているのに対し，下の文の fast は副詞で，「**速く** → 走る」と動詞を修飾している。

early は例外

early（早く）は ly で終わる副詞だが，前に more，most をつけるのではなく，y を i にかえてから後ろに er，est をつけて比較級・最上級を作る。
early - earlier - earliest

2 文の形

I walk more slowly than my sister.
（私は妹［姉］よりもゆっくりと歩きます。）

副詞の比較級を使った文は，形容詞の比較級を使った文と同様に〈**比較級＋than ...**〉の形です。

Kumi studies (the) hardest in this school.
（クミはこの学校の中でいちばん熱心に勉強します。）

副詞の最上級を使った文も，形容詞の最上級を使った文と同様に〈**(the＋) 副詞の最上級＋of [in] ...**〉の形です。ただし，形容詞と異なり，副詞の最上級には直前に the をつけなくてもよいです。

better

「B よりも A が好き」と言うときは，like A better than B の形を使う。better は well の比較級である。（➡p.162）

副詞の比較級・最上級の位置

Kota plays soccer better than you.
（コウタはあなたよりも上手にサッカーをします。）
動詞のあとに目的語のある文では，副詞の比較級・最上級は目的語のあとに置く。ここでは動詞（plays），目的語（soccer）のあとにつく。

POINT

1. 形容詞と同様に**副詞にも比較級・最上級がある。**
2. 文の形は，**形容詞の比較級・最上級を使った文と同じ。**
3. 副詞の最上級には **the をつけなくてもよい。**

CHECK 050

解答 ➡ p.286

（　　）内から適切なものを選びましょう。

- □ (1) She came home (late, later) than Ken.
- □ (2) I like spring (well, best) (in, of) all seasons.

TRY! 表現力

家族やクラスメートについて，「～は私よりも早く起きます。」「～はクラスの中でいちばん速く走ります。」と言ってみましょう。

WORD LIST：early, fast, get up, run, in my class

例　My brother gets up earlier than me. / Ken runs (the) fastest in my class.

UNIT 5

which などで始まる比較の疑問文

Can-Do which を使って，「どちらがより～？」とたずねることができる。

基本例文

A: Which is more important, love or money?
B: Love is.

意味
A：愛とお金ではどちらが大切？
B：愛だね。

1 Which [Who] ... + 比較級～？

Which is more interesting, this book or that one?
（この本とあの本ではどちらがよりおもしろいですか。）
— **That one is.** （あの本です。）
Who studies harder, Ken or Jim?
（ケンとジムではどちらがより熱心に勉強しますか。）
— **Ken does.** （ケンです。）
Which can fly faster, swallows or doves?
（ツバメとハトではどちらがより速く飛ぶことができますか。）
— **Swallows can.** （ツバメです。）

2つのものを比べて「AとBではどちらがより～ですか。」と言うときには，〈Which ＿＋比較級, A or B?〉の形を使います。which は「**どちら**」の意味を表す疑問詞で，おもに【もの】を比べるときに使います。AとBが【人】の場合は，「**だれ**」の意味を表す疑問詞 who を多く使います。

答えるときは，たずねられた内容について簡潔に答えます。そのとき，問いの文の動詞が be 動詞であれば be 動詞を，一般動詞であれば do[does, did] を，また助動詞であればその助動詞を使います。比較級以下はふつう省略します。

注意

than は使わない

A or B は「AかそれともBか」という意味を表す。than（～よりも）は使わないことに注意。

注意

〈which＋名詞〉

which の後ろに名詞を置いた〈which＋名詞〉の形で「どちらの～」の意味になることもある。
Which sport is more popular, baseball or soccer?
（野球とサッカーでは**どちらのスポーツ**がより人気がありますか。）

注意

A or B の読み方

A or Bの読み方は，A（↗）or B（↘）というように or の前で上げ，最後を下げて読む。

2 Which [What, Who] __ + (the +) 最上級～？

Which is the most difficult question of all?
(すべての中でどれがいちばん難しい問題ですか。)
— **This one is.** (この問題です。)
Who can swim fastest in this class?
(このクラスの中でだれがいちばん速く泳げますか。)
— **Mana can.** (マナです。)

3つ以上のものを比べて「…の中でどれがいちばん～ですか。」と言うときには，〈**Which [What, Who] __ + (the +) 最上級 + of [in] … ?**〉の形を使います。比べるものが【もの】の場合，which の代わりに what を使うことがあります。また，比べるものが【人】の場合は who を多く使います。

A, B, or C

「3つの中で」は of the three で表すが，その3つをはっきり「AとBとCでは」と言うときは，次のように or を使って表す。
Who is the youngest, Ann, Lisa, or Meg?
(アンとリサとメグではだれがいちばん年下ですか。)

9章 比較

POINT

❶「どちらがより～か」とたずねるときは，**Which [Who] と比較級を使う。**
❷「どれがいちばん～か」とたずねるときは，**Which [What, Who] と最上級を使う。**
❸ これらに答えるときは，**たずねられた内容について簡潔に答える。**

CHECK 051

解答 ➡ p.286

(　　) 内から適切なものを選びましょう。

- □ (1) Which is taller, Tokyo Tower (and, or) the Eiffel Tower?
- □ (2) Who gets up the (earlier, earliest) in your family?

TRY! 表現力

2つのものを比べて，どちらがより大きいかとたずねてみましょう。

WORD LIST：which, larger, Japan, China, Canada, Russia

例 Which is larger, Japan or Russia?

UNIT 6

like ~ better / like ~ the best

Can-Do better, the best を使い，「～のほうが」「～がいちばん」と表現できる。

基本例文

A: Which season do you like the best?
B: I like winter the best. I like skiing very much.

意味
A：きみはどの季節がいちばん好き？
B：私は冬がいちばん好き。スキーが大好きなの。

1 「～のほうが好きだ」の文

Miki likes curry better than pizza.
（ミキはピザよりもカレーのほうが好きです。）

2つのものを比べて「BよりもAのほうが好きだ」と言うときには，〈like A better than B〉の形を使います。

2 「～がいちばん好きだ」の文

I like summer (the) best of the four seasons.
（私は四季の中で夏がいちばん好きです。）

3つ以上の中で「～がいちばん好きだ」と言うときには，〈like ～ the best〉の形を使います。ただし，best の前に the をつけないこともあります。

3 「AとBのどちらが好きですか」の文

Which do you like better, spring or summer?
（あなたは春と夏のどちらが好きですか。）
— I like spring better. （春のほうが好きです。）

better と the best の使い方，しっかり覚えておこう！

文末の better

「どちらが好きか」に対して「～のほうが好き」と答えるとき，文末に better を入れるのを忘れないように。

2つのものを比べて「あなたはAとBのどちらが好きですか。」とたずねるときには，〈**Which do you like better, A or B?**〉の形を使います。

答えるときはbetterまでを言い，以下は省略します。

もっと！

which か what か

whichは特定のグループや範囲の中から選ぶときに，whatは選ぶ範囲が漠然としているときに使う。

4 「どの～がいちばん好きですか」の文

What song **do you** like (the) best?
（**あなたは**どの歌がいちばん好きですか。）
— **I like "Yesterday"** (the) best.
（**私は「イエスタデイ」が**いちばん**好きです。**）

3つ以上のものを比べて「あなたはどの～がいちばん好きですか。」というときには，〈What[Which]＋名詞＋**do you like (the) best?**〉の形を使います。ただし，what[which]のあとに名詞が来ないこともあります。答えるときはI like～(the) best.と言います。

POINT

❶ **「～のほうが好きだ」**と言うときは**better**を使う。
❷ **「～がいちばん好きだ」**と言うときは(**the**) **best**を使う。
❸ **「どちらのほうが好きですか」「どれがいちばん好きですか」**とたずねるときにも**better**，(**the**) **best**を使う。

CHECK 052

解答 ➜ p.286

(　　)内から適切なものを選びましょう。

☐ (1) Which do you like (well, better), tea or coffee?
☐ (2) I like July (well, better, the best) of the twelve months.

TRY! 表現力

「(2つのものを比べて) ～のほうが好きです。」「(3つ以上のものの中で) ～がいちばん好きです。」と言ってみましょう。

WORD LIST：like, English, math, P.E., season, spring, summer, fall

例 I like English better than math. / I like summer (the) best of all seasons.

9章 比較

UNIT 7

as ～ as / not as ～ as

Can-Do as ～ as の形を使って，程度が同じであることを表現できる。

基本例文

A: You are as tall as your brother.
B: But I cannot run as fast as he can.

意味
A：あなたはお兄さん［弟さん］と同じくらいの背の高さね。
B：でも，彼ほど速くは走れないんだ。

1 〈as＋形容詞＋as〉

Andy is as old as David.
（アンディーはデイビッドと同じくらいの年齢です。）

2つのものを比べて「AはBと同じくらい～です。」と言いたいときには，asとasの間に形容詞の原級（もとの形）を入れて，〈A … as＋形容詞の原級＋as B.〉の形を使います。

as～asを使って，
「同じくらい～だ」
と言えるんだね。

2 〈as＋副詞＋as〉

Emi studies as hard as her brother.
（エミはお兄さん［弟さん］と同じくらい熱心に勉強します。）

as ～ as の表現は，副詞にも同じように使われます。

3 〈not as ～ as〉

Thomas is not as busy as George.
（トーマスはジョージほど忙しくありません。）

Ryo cannot run as fast as Tsubasa.
（リョウはツバサほど速く走れません。）

もっと！

not so ～ as

not as ～ as の前の as が so にかわった表現。意味は同じだが，少し古い表現である。
This book is **not so old as** that one.
（この本はあの本**ほど古くありません。**）

as ～ as の否定形を使った〈**A ... not as ～ as B.**〉は，「A は B ほど～ない。」という意味を表します。

Ryo cannot run as fast as Tsubasa.
=Tsubasa can run faster than Ryo.
（ツバサはリョウよりも速く走れます。）

また，not as ～ as の文は，上のように比較級を使って言いかえられます。

as ～ as＋主語＋can

「できるだけ～」と言うときには，〈as ～ as＋主語＋can〉の形を使う。
Get up as early as you can.
（できるだけ早く起きなさい。）

as ～ as possible

as ～ as＋主語＋can を言いかえた表現。
Get up as early as you can.
=Get up as early as **possible.**

4 as ～ as を使った重要表現

This room is three times as large as that one.
（この部屋はあの部屋の 3 倍の広さがあります。）

「…の○倍～だ」と言うときには，〈**数字＋times as ～ as ...**〉の形を使います。

POINT

1. 〈**A ... as ～ as B.**〉で「**A は B と同じくらい～だ。**」という意味を表す。
2. 〈**A ... not as ～ as B.**〉で「**A は B ほど～ない。**」という意味を表す。
3. as と as の間には，**形容詞や副詞の原級**が入る。

CHECK 053

解答 ➜ p.286

（　　）内から適切なものを選びましょう。

- ☐ (1) Mao can skate as (best, well) as Akiko.
- ☐ (2) This book is not as (easier, easy) as that one.

TRY! 表現力

「（2 つのものを比較して）A は B と同じくらい～です。」と言ってみましょう。

WORD LIST：tall, short, fast, long, big, small, old, young

例 He runs as fast as my brother.

この章の整理 CHAPTER 9

比較

UNIT 1 比較級の作り方（er）と文の形

She is taller than your father. 彼女はあなたのお父さんよりも背が高いです。

- 2つのものを比べて「AはBよりも～です。」というときには，〈A ＿＋形容詞の比較級＋than B.〉。
- 形容詞の比較級は，原級（形容詞のもとの形）の語尾に er をつけるのが基本だが，er のつけ方は語尾の形によって異なる。

UNIT 2 最上級の作り方（est）と文の形

Ken is the tallest of the three boys. ケンは3人の少年の中でいちばん背が高いです。

Ken is the tallest in his class. ケンはクラスの中でいちばん背が高いです。

- 3つ以上のものを比べて「Aは…の中でいちばん～です。」というときには，〈A ＿＋the＋形容詞の最上級＋of[in] ....〉で表す。
- 「…の中で」というとき，あとに同じ種類のもの（複数）を表す語句がくるときは of，場所や範囲（単数）を表す語句がくるときは in を使う。
- 形容詞の最上級は，原級の語尾に est をつけるのが基本だが，つけ方は語尾の形によって異なる。

UNIT 3 more，most を使う比較級と最上級

This book is more popular than that one. この本はあの本よりも人気があります。

- つづりの長い形容詞などは more，most を使って比較級・最上級を作る。
- good－better－best など，不規則に変化して比較級・最上級を作る形容詞もある。

UNIT 4 副詞の比較級，最上級

You swim faster than Jiro. あなたはジロウよりも速く泳ぎます。

- 副詞にも比較級・最上級があり，原級（副詞のもとの形）に er，est をつけるのが基本。

この章で学習したことを，もう一度チェックしてみよう！

UNIT 5 which などで始まる比較の疑問文

Who runs faster, Ken or Jim?

ケンとジムではどちらがより速く走りますか。

- 「A と B ではどちらがより～か。」は，〈Which [Who] __ ＋比較級, A or B?〉で表す。

Which is the easiest question of all?

すべての中でどれがいちばんやさしい問題ですか。

- 「…の中でどれがいちばん～か。」は，〈Which [What, Who] __ ＋ (the＋) 最上級＋of [in] … ?〉。

UNIT 6 like ～ better / like ～ the best

I like winter better than summer.

私は夏よりも冬のほうが好きです。

- 2つのものを比べて「B よりも A のほうが好きです。」は，〈like A better than B〉で表す。

I like winter (the) best of the four seasons.

私は四季の中で冬がいちばん好きです。

- 3つ以上の中で「～がいちばん好きです。」は，〈like ～ (the) best〉で表す。

Which do you like better, winter or summer?

冬と夏のどちらが好きですか。

- 「A と B のどちらが好きですか。」は，〈Which do you like better, A or B?〉で表す。
- 「どの～がいちばん好きですか。」は，〈Which [What] ＋ (名詞＋) do you like (the) best?〉で表す。

UNIT 7 as ～ as / not as ～ as

You are as tall as your brother.

あなたはお兄さん［弟さん］と同じくらいの背の高さです。

I am not as tall as my brother.

私は兄ほど背が高くありません。

- 「A は B と同じくらい～」というときには，〈A … as＋形容詞［副詞］の原級＋as B〉で表す。
- 〈A … not as＋形容詞［副詞］の原級＋as B.〉で「A は B ほど～ない。」という意味を表す。

定期テスト対策問題

解答 ➡ p.286

問1 比較級 / 最上級

右の絵を見て，背の高さについてその内容を表すように，＿＿に適切な１語を書きなさい。

(1) Andy is ＿＿＿＿＿ ＿＿＿＿＿ John.

(2) David is ＿＿＿＿＿ ＿＿＿＿＿ ＿＿＿＿＿ the three.

問2 比較級 / 最上級の形

（　）内の語を適する形にして＿＿に入れなさい。

(1) This is the ＿＿＿＿＿ bridge in this city. (old)

(2) This store is ＿＿＿＿＿ than that one. (large)

(3) He is the ＿＿＿＿＿ of all the sumo wrestlers. (strong)

問3 more, the most / of と in

日本語に合うように，＿＿に適切な１語を入れなさい。

(1) 東京スカイツリーは日本でいちばん高いタワーです。
Tokyo Skytree is ＿＿＿＿＿ ＿＿＿＿＿ tower ＿＿＿＿＿ Japan.

(2) メグは３人の中でいちばん長い髪をしています。
Meg has ＿＿＿＿＿ ＿＿＿＿＿ hair ＿＿＿＿＿ the three.

(3) この仕事はあの仕事より重要です。
This work is ＿＿＿＿＿ ＿＿＿＿＿ ＿＿＿＿＿ that one.

問4 形容詞の比較級と最上級を使った文

日本語に合うように，（　）内の語句を並べかえなさい。

(1) 久美はみんなの中でいちばん若いです。
(is / all / Kumi / youngest / of / the).

＿＿＿＿＿＿＿＿＿＿＿＿＿＿＿＿＿＿＿＿＿＿＿＿.

(2) あなたの学校は私の学校よりずっと大きいです。
(than / school / larger / your / mine / is / much).

＿＿＿＿＿＿＿＿＿＿＿＿＿＿＿＿＿＿＿＿＿＿＿＿.

(3) 私にとって英語はフランス語よりも便利です。

(French / useful / more / English / than / is) for me.

__________________________________ for me.

問 5 副詞の比較変化

日本語に合うように，____に適切な１語を入れなさい。

(1) ネコはサルよりも速く (fast) 木に登ることができますか。

Can cats climb trees __________ __________ monkeys?

(2) カズオは私のクラスで英語をいちばん熱心に (hard) 勉強します。

Kazuo studies English __________ __________ in my class.

(3) その男性はみんなの中でいちばんゆっくりと (slowly) 話します。

The man talks __________ __________ __________ of all.

問 6 副詞の比較級 / 最上級を使った文

日本語に合うように，____に適切な１語を入れなさい。

(1) 私はスキーよりスノーボードのほうが好きです。

I like snowboarding __________ __________ skiing.

(2) 彼女は学校でいちばん上手に英語の歌が歌えます。

She can sing English songs __________ __________ her school.

(3) チーターはすべての動物の中でいちばん速く走れますか。

Can cheetahs run __________ __________ all animals?

問 7 疑問文の答え方

右の絵を見て，次の問いに英語で答えなさい。

(1) Is Mari shorter than Asuka?

(2) Who is older, Mari or Emi?

(3) Who is the youngest of the three?

Mari 14 歳

Asuka 15 歳

Emi 12 歳

(1) __________________________________

(2) __________________________________

(3) __________________________________

9章 比較

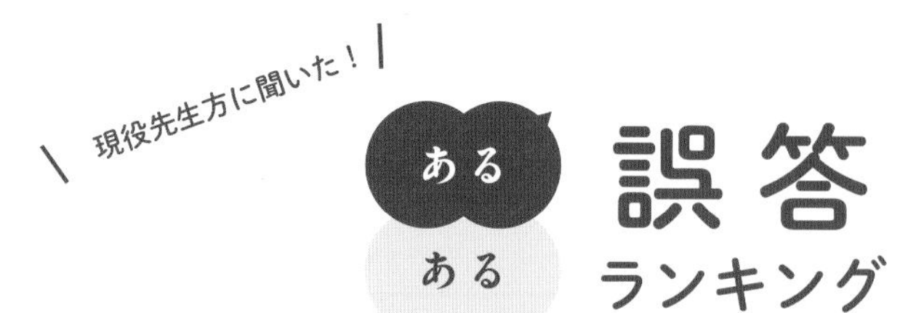
現役先生方に聞いた！
あるある
誤答
ランキング

中学校の先生方が，「あるある！」と思ってしまう，生徒たちのよくありがちな誤答例です。「自分は大丈夫？」としっかり確認して，まちがい防止に役立ててください。

第1位

問題　次の日本文を英語に直しなさい。
エベレスト山は富士山より有名です。

×
Mt. Everest is famouser than Mt. Fuji.

あるある！

正しい英文：　**Mt. Everest is more famous than Mt. Fuji.**

famous は，形容詞の語尾に er をつけるのではなく，その前に more を置いて比較級にします。more がつく形容詞はまとめて覚えておくと便利です。

第2位

問題　次の日本文を英語に直しなさい。
このタワーはあのタワーよりずっと高いです。

×
This tower is very higher than that tower.

あるある！

正しい英文：　**This tower is much higher than that tower.**

比較級を強調するときには，much または far を用いますので，much higher，much more popular のようになります。

第3位

問題　次の日本文を英語に直しなさい。
ぼくの兄［弟］はきみのお兄さん［弟さん］と同い年です。

×
My brother is as age as your brother.

あるある！

正しい英文：　**My brother is as old as your brother.**

「A は B と同じくらい～だ。」と表現するときは，as と as の間に，形容詞や副詞の原級を入れます。

10章

受け身

基本例文
の音声はこちらから

010

それぞれの英語表現が，実際の場面ではどのように使われるのかチェックしておこう！

UNIT 1

受け身の意味と文の形

Can-Do 受け身の形で，「～される」と表現できる。

基本例文

A: This street is very clean.
B: Yes. It is cleaned every day.

意味
A：この通りはとてもきれいだね。
B：うん。毎日そうじされてるからね。

1 受け身とは

「～する」というふつうの文に対して，「話される」「書かれた」など他から動作を受けることを表す表現を，**受け身（受動態）**といいます。

My mother uses this bike every day. 〔ふつうの文〕
（私の母は毎日この自転車を使います。）
This bike is used every day. 〔受け身の文〕
（この自転車は毎日使われます。）

2 受け身の文の形

Spanish is spoken in Mexico.
（is：be動詞，spoken：過去分詞）
（スペイン語はメキシコで話されています。）

受け身の文は，〈**主語＋be動詞＋過去分詞～**〉の形で表します。be動詞は主語によってam，is，areを使い分けます。

3 by ～ ＝「～によって」

「～される」という動作が，だれ［何］によって行われるかを言いたいときはby ～ で表します。

受動態と能動態

「～される」という受け身の文を**受動態**というのに対し，「～する」というふつうの文を**能動態**ということがある。

過去分詞

過去分詞とは，動詞の活用形の1つ（➡p.174）。「過去」という語がついているが，過去の意味はない。
ちなみに，進行形で使われる動詞のing形を現在分詞という。

The book is read by many people.
（その本は多くの人々によって読まれています。）
Yumi is sometimes praised by him.
（ユミはときどき彼にほめられます。）

4 by ～ をつけない場合

次のような場合は，ふつう by ～ をつけません。

①動作を行う人が広く一般の人のとき
Many languages are used in India.
（インドでは多くの言語が使われています。）
②動作を行う人が不明か，言う必要のないとき
The room is locked.
（その部屋はかぎがかけられています。）

by＋目的格
by のあとに代名詞がくるときには，me，him，them などの目的格の形を使う。
This room was cleaned by **her.**
（この部屋は**彼女**によってそうじされました。）

10 章 受け身

POINT

1 「～される」と動作を受ける表現を**受け身**という。
2 受け身の文は，〈**主語＋be 動詞＋過去分詞～**〉の形で表す。
3 **by** ～ をつけて，動作が**だれ［何］によって行われるか**を示すことがある。

CHECK 054

解答 ➜ p.287

（　　）内から適切なものを選びましょう。
□ (1) This room is (using, used) today.
□ (2) This picture was painted (of, by) him.

TRY! 表現力

カナダでは2つの言語が使われていることを，受け身の形で表現してみましょう。

WORD LIST：language, use, Canada

例 Two languages are used in Canada.

UNIT 2

動詞の過去分詞

Can-Do 動詞の過去分詞の作り方を理解し，正しく活用できる。

基本例文

① A lot of computers are used in this office.
② Chinese is spoken in this country.

① この事務所ではたくさんのコンピューターが使われています。
② この国では中国語が話されています。

1 過去分詞とは

過去分詞は，過去形や ing 形と同じく，動詞の活用形の 1 つです。

2 規則動詞の過去分詞

規則動詞の過去分詞は，過去形と同じ形で，ed がつきます。語尾の字を変えたり重ねたりするルールも，過去形と同じです。

原形	過去形	過去分詞
clean（そうじする）	cleaned	cleaned
like（好む）	liked	liked
carry（運ぶ）	carried	carried
plan（計画する）	planned	planned

3 不規則動詞の過去分詞

不規則動詞の過去分詞は，不規則に変化します。変化のしかたにより，次の 4 つに分類できます。

【ABC 型】…原形，過去形，過去分詞がすべてちがう形
【ABB 型】…過去形と過去分詞が同じ形

過去分詞を使う文型

過去分詞は次の 3 つの文型や場合で使われる。
①受け身
②現在完了（➜p.232）
③名詞を修飾
（➜ 3 年で学習）

規則動詞については，p.34の過去形の作り方をチェックしておこう！

【ABA 型】…原形と過去分詞が同じ形
【AAA 型】…原形，過去形，過去分詞がすべて同じ形

	原形	過去形	過去分詞
【ABC 型】	give（与える）	gave	given
	speak（話す）	spoke	spoken
	take（とる）	took	taken
	write（書く）	wrote	written
【ABB 型】	build（建てる）	built	built
	find（見つける）	found	found
	make（作る）	made	made
【ABA 型】	come（来る）	came	come
	run（走る）	ran	run
【AAA 型】	cut（切る）	cut	cut
	read（読む）[rí:d]	read [réd]	read [réd]

read の発音

read（読む）は，原形・過去形・過去分詞はすべて同じつづりだが，発音が異なる。原形は [rí:d リード]，過去形・過去分詞は [réd レッド] と発音する。

大事な動詞ばかりだよ！
ここでしっかり覚えておこう。

POINT

1. 過去分詞は，**動詞の活用形の1つ**である。
2. **規則動詞**の過去分詞は，**過去形と同じ形**で，**ed** がつく。
3. **不規則動詞**の過去分詞は，**変化のしかたで4つに分類できる。**

CHECK 055

解答 ➜ p.287

次の動詞の過去分詞を答えなさい。

□ (1) speak　□ (2) help　□ (3) read　□ (4) use

「〜は日本の人々に愛されています。」と受け身の形で表現してみましょう。

WORD LIST：Mt. Fuji, cherry blossoms, tofu, ramen

例　Mt.Fuji is loved by Japanese people.

UNIT 3

過去，未来の受け身

Can-Do 受け身を使って，「～された」「～されるだろう」と表現することができる。

基本例文

A: This novel is very interesting!
B: It was written by my grandfather.

意味
A：この小説，とてもおもしろいね！
B：それは私のおじいちゃんによって書かれたのよ。

1 過去の受け身

現在 （この部屋は毎日そうじされます。）

This room	is	cleaned	every day.

過去 （この部屋は昨日そうじされました。）

This room	was	cleaned	yesterday.

「…が～された」という過去の受け身の文は，be 動詞の過去形を使って〈be 動詞の過去形＋過去分詞〉の形で表します。

受け身の文の be 動詞は，現在の文なら am, are, is を，過去の文なら was， were を主語によって使い分けます。be 動詞の後ろに過去分詞を続けるのは，現在の文も過去の文も同じです。

2 未来の受け身

現在 （これらの車は毎日使われます。）

These cars	are	used	every day.

未来 （これらの車は明日使われるでしょう。）

These cars	will be	used	tomorrow.

時制は be 動詞で表す

受け身の文では，時制が現在であろうと過去であろうと過去分詞が必ず使われる。それが現在の話か過去の話かは，過去分詞ではなく be 動詞で区別する。

現在の受け身の文か過去の受け身の文かは，be 動詞を見ればわかるんだね！

「…が～されるだろう」という未来の受け身の文は，be 動詞の前に未来を表す助動詞 will を置いて，〈**will be＋過去分詞**〉の形で表します。

助動詞 will の後ろは必ず動詞の原形なので，be 動詞は必ず原形の be になります。つまり，主語が何であっても will be の形は変わりません。be 動詞の後ろに過去分詞を続けるのは，現在の文や過去の文と同じです。

また，can や must などの助動詞を使った受け身の文も，未来の助動詞 will を使った文と同様に，〈**助動詞＋be＋過去分詞**〉の形で表します。

Many stars can be seen **at night.**
（夜にはたくさんの星が見られます。）

will, can, must など，助動詞を使った受け身の形，しっかり覚えておこう。

POINT

1. 「～された」という**過去の受け身**は，〈**was [were]＋過去分詞**〉の形で表す。
2. 「～されるだろう」という**未来の受け身**は，〈**will be＋過去分詞**〉の形で表す。
3. **助動詞を使った受け身**は，〈**助動詞＋be＋過去分詞**〉の形で表す。

CHECK 056

解答 ➜ p.287

(　　) 内から適切なものを選びましょう。

□ (1) The homework will (be, is) finished today.
□ (2) The camera (is, was) used last week.

TRY! 表現力

「このお寺は何年も前に建てられました。」と受け身で表現してみましょう。

WORD LIST：temple, built, many years ago

例 This temple was built many years ago.

UNIT

受け身の否定文 / 疑問文

Can-Do 受け身を使って，「～されません」「～されますか」と表現できる。

基本例文

A: Were you invited to the party?
B: Yes, but Yuta was not invited.

意味
A：きみはそのパーティーに招待されたの？
B：うん，でもユウタは招待されなかったよ。

1 受け身の否定文

肯定文 （このTシャツは昨日洗われました。）

This T-shirt	was	／	washed	yesterday.

否定文 （このTシャツは昨日洗われませんでした。）

This T-shirt	was	not	washed	yesterday.

「～されない。」「～されなかった。」という受け身の否定文は，be動詞のあとにnotを置きます。そのあとの過去分詞は，形も位置も変わりません。

2 受け身の疑問文と答え方

肯定文 （この国では英語が使われます。）

／	English	is	used	in this country.

疑問文 （この国では英語が使われますか。）

Is	English	／	used	in this country?

「～されますか。」「～されましたか。」という受け身の疑問文は，be動詞を主語の前に出します。

be動詞の文と同じ

受け身の否定文は，be動詞を使うので，do[does, did]は使わない。be動詞の文と同じと考えよう。

助動詞を使った文の場合

willやcanなどの助動詞を含む文では，否定文は助動詞のあとにnotを置き，疑問文は助動詞を主語の前に出す。
This room **will not be cleaned** tomorrow.
（この部屋は明日，**そうじされないでしょう**。）
Will this room **be cleaned** tomorrow?
（この部屋は明日，**そうじされるでしょうか**。）

Was this book written by Soseki?
(この本は漱石によって書かれたのですか。)
— Yes, it was.　(はい，そうです。)

答えるときも be 動詞を使い，過去分詞以下は省略します。

3 疑問詞のある受け身の疑問文

When was your school built?
(あなたの学校はいつ建てられたのですか。)
— It was built in 1990.　(1990年に建てられました。)

what，where などの疑問詞があるときには，疑問詞を文のはじめに置き，そのあとはふつうの受け身の疑問文と同じ語順にします。また，答えの文にも受け身を使います。

「だれに？」

「だれに（よって）」とたずねる場合は，Who で文を始めて by を文末に置く。
Who were you invited **by**?
（あなたは**だれに（よって）**招待されたのですか。）

10 章 受け身

POINT

1. 受け身の**否定文**は，**be 動詞のあとに not を置く。**
2. 受け身の**疑問文**は，**be 動詞を主語の前に出す。**
3. **疑問詞のある受け身の疑問文**は，**疑問詞を文のはじめに置き**，受け身の疑問文の形を続ける。

CHECK 057

解答 ➡ p.287

(　　) 内から適切なものを選びましょう。

☐ (1) (Is, Was) this room used yesterday?
☐ (2) When (this watch was, was this watch) made?

表現力

「この部屋は昨日，そうじされませんでした。」と受け身の形で表現してみましょう。

WORD LIST：this room, clean, yesterday

例　This room was not cleaned yesterday.

UNIT 5

注意すべき受け身の文

Can-Do by 以外の前置詞を使った受け身の文で表現できる。

基本例文

A: I don't know that man.
B: Really? He is known to everyone in this town.

意味
A：私，あの男の人を知らない。
B：本当に？　彼はこの町のみんなに知られているよ。

1 by 以外の前置詞を使う受け身の文

受け身の中には，動作の主体（動作を行う側）を表すのに by 以外の前置詞を使うものがあります。

be covered with ～	～でおおわれている
be filled with ～	～でいっぱいである［満たされている］
be known to ～	～に知られている
be made from ～	～から作られている
be made of ～	～でできている
be made into ～	～に作りかえられる

The top of the mountain is covered with snow.
（その山の頂上は雪でおおわれています。）
The glass is filled with water.　（グラスは水でいっぱいです。）
Butter is made from milk.　（バターは牛乳から作られます。）

be made from ～と be made of ～

「～から作られている」「～でできている」と言うとき，製品の材料が見てすぐわからないものの場合は **from**，わかるものの場合は **of** を使う。

by を使うもの以外に，いろいろな受け身の表現があるんだね。

2 「～する」「～である」という意味の受け身の文

受け身の形であっても，日本語では「～する」「～である」と表現するのが自然なものもあります。

be disappointed at ～	～にがっかりする
be interested in ～	～に興味がある
be known for ～	～で有名である
be pleased with ～	～によろこぶ
be satisfied with ～	～に満足する
be surprised at ～	～に驚く
be worried about ～	～が心配である

もっと！

interestedは形容詞？

interested, surprisedなど，左の表にある過去分詞のほとんどは，動詞の過去分詞ではなく形容詞として扱われることも多く，辞書にも形容詞として載っている場合が多い。

My brother is interested in *shogi*.
（私の兄［弟］は将棋に興味があります。）

I was surprised at the news.
（私はそのニュースに驚きました。）

どれも覚えておくと便利な重要表現ばかりだよ。

POINT

1. 受け身の中には，動作の主体を表すのに **by 以外の前置詞**を使うものがある。
2. 受け身の形であっても，日本語では**「～する」「～である」と表現するのが自然**なものもある。

CHECK 058

解答 ➜ p.287

（　　）内から適切なものを選びましょう。

☐ (1) The table is covered (by, with) dirt.

☐ (2) Old Japanese houses are usually made (of, from) wood.

＊dirt「埃（ほこり）」

TRY! 表現力

自分の興味があることについて，受け身の形で表現してみましょう。

WORD LIST：music, sports, cooking, games, foreign countries, novels, mysteries, the news

例　I'm interested in music.

この章の整理 CHAPTER 10

受け身

UNIT 1 受け身の意味と文の形

This street is cleaned every day. この通りは毎日そうじされています。

- 「〜される」と他から動作を受ける表現を受け身（受動態）と呼ぶ。
- 受け身の文は，〈主語＋be 動詞＋過去分詞〜〉の形で表す。

This song is loved by many people. この歌は多くの人に愛されています。

- 受け身の文に by 〜 をつけて，動作がだれ［何］によって行われたかを示すことがある。

UNIT 2 動詞の過去分詞

play - played - played 遊ぶ
see - saw - seen 見る

- 過去分詞は，動詞の活用形の１つである。
- 規則動詞の過去分詞は，過去形と同じ形で，原形に ed をつける。
- 不規則動詞の過去分詞は，不規則に変化する。

UNIT 3 過去，未来の受け身

This book was written by Shakespeare. この本はシェイクスピアによって書かれました。

- 「〜された」という過去の受け身は，〈was［were］＋過去分詞〉で表す。

The bike will be repaired by Sam. その自転車はサムによって修理されるでしょう。

- 「〜されるだろう」という未来の受け身は，〈will be＋過去分詞〉で表す。

Mt. Fuji can be seen from my house. 富士山は私の家から見えます（←見られます）。

- 助動詞を使った受け身は，〈助動詞＋be＋過去分詞〉で表す。

この章で学習したことを，もう一度チェックしてみよう！

UNIT 4 受け身の否定文 / 疑問文

These rooms are not used by the students. これらの部屋は生徒には使われていません。

He was not invited to the party. 彼はそのパーティーに招待されませんでした。

- 「〜されない」「〜されなかった」という受け身の否定文は〈be 動詞＋not＋過去分詞〉で表す。

Is English used in your country? 英語はあなたの国で使われていますか。

— Yes, it is. —はい，使われています。

- 「〜されますか。」「〜されましたか。」とたずねるときは，〈be 動詞＋主語＋過去分詞〜？〉で表す。
- 答えるときは Yes / No で，be 動詞を使って過去分詞以下は省略して答える。

When was this photo taken? この写真はいつ撮られましたか。

— It was taken last week. —それは先週撮られました。

Where was this photo taken? この写真はどこで撮られましたか。

- 疑問詞のある受け身の疑問文は，疑問詞を文のはじめに置き，受け身の疑問文の形を続ける。
- 答えるときも，受け身を使う。

UNIT 5 注意すべき受け身の文

He was known to everyone in this town. 彼はこの町のみんなに知られていました。

Most wine is made from grapes. ほとんどのワインがブドウから作られています。

- 受け身の中には，動作の主体を表すのに by 以外の前置詞を使うものがある。

We were surprised at the news. 私たちはそのニュースに驚きました。

- 受け身の形であっても，日本語では「〜する」「〜である」と表現するのが自然なものもある。

定期テスト対策問題

解答 ➡ p.287

問 1 受け身の形

次の文の（　）内のうち適切なものを選び，○で囲みなさい。

(1) The stone was (found, finding, finds) in China.

(2) All schools (close, closed, are closed) on Sundays.

(3) The e-mail (wrote, was writing, was written) by Tom.

問 2 be 動詞の形

次の文の（　）内のうち適切なものを選び，○で囲みなさい。

(1) The computer (isn't, weren't, didn't, don't) used every day.

(2) (Is, Did, Was, Were) the letters sent last month?

(3) What languages (is, are, was) used in Europe?

問 3 受け身の文

日本語に合うように，＿＿に適切な1語を入れなさい。

(1) カナダでは英語とフランス語が使われています。
English and French ＿＿＿＿ ＿＿＿＿ in Canada.

(2) 私たちは彼の誕生パーティーに招待されています。
We are ＿＿＿＿ ＿＿＿＿ his birthday party.

(3) この果物は中国語で何といいますか［呼ばれていますか］。
What is ＿＿＿＿ ＿＿＿＿ ＿＿＿＿ in Chinese?

問 4 受け身の文への書きかえ

次の各組の文がほぼ同じ意味を表すように，＿＿に適切な1語を入れなさい。

(1) Did she paint the picture?
＿＿＿＿ the picture ＿＿＿＿ by ＿＿＿＿ ?

(2) My mother didn't catch the cat.
The cat ＿＿＿＿ ＿＿＿＿ by my mother.

(3) When did Taro make the doghouse?
When ＿＿＿＿ the doghouse ＿＿＿＿ by Taro?

問5 受け身の否定文／疑問文

日本語に合うように，____に適切な１語を入れなさい。

(1) これらの写真はあなたのお父さんによってとられましたか。

____ these pictures ____ ____ your father?

(2) その部屋は毎日そうじされていません。

The room ____ ____ ____ every day.

(3) この本はやさしい英語で書かれていません。

This book ____ ____ ____ easy English.

問6 受け身の文の語順

日本語に合うように，（　）内の語句を並べかえなさい。

(1) たいていの日本の家は木でできていました。

(most Japanese houses / wood / of / made / were).

____________________.

(2) この鳥は英語で何と呼ばれていますか。

(this bird / English / in / what / called / is)?

____________________?

(3) 私の幼い弟は彼女のコンサートに招待されませんでした。

(my / her concert / invited / to / was / not / little brother).

____________________.

問7 注意すべき受け身

次の文の（　）内のうち適切なものを選び，○で囲みなさい。

(1) The mountains are covered (of, on, with, at) snow.

(2) He was surprised (of, at, with, in) the news.

(3) He is well known (with, to, on, of) the people in the city.

問8 受け身の否定文／疑問文

次の文を（　）内の指示にしたがって書きかえなさい。

(1) Butter is made from milk. （疑問文に）

____

(2) The book is read by a lot of people. （否定文に）

____

(3) This toy is sold at that shop. （下線部が答えの中心となる疑問文に）

____

10章 受け身

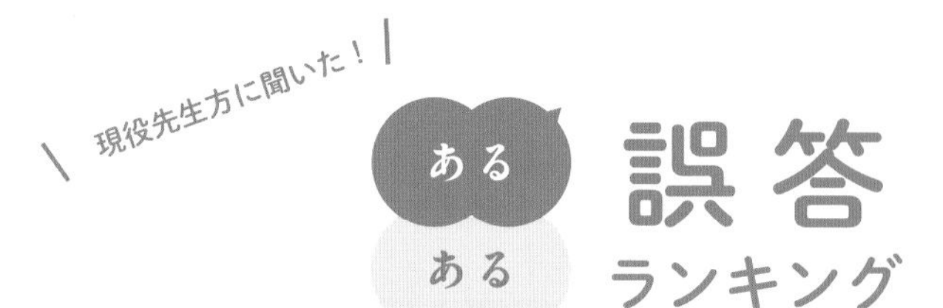
現役先生方に聞いた！
ある
ある
誤答
ランキング

中学校の先生方が，「あるある！」と思ってしまう，生徒たちのよくありがちな誤答例です。「自分は大丈夫？」としっかり確認して，まちがい防止に役立ててください。

第 1 位

問題　次の日本文を英語に直しなさい。
この映画は世界中で愛されています。

~~This movie loved all over the world.~~

あるある！

正しい英文：**This movie is loved all over the world.**

受け身の文は〈be 動詞＋動詞の過去分詞〉で表されます。動作する人が不特定のとき，by ～ は省略します。

第 2 位

問題　次の日本文を英語に直しなさい。
私の誕生日ケーキはチョコレートでおおわれていました。

~~My birthday cake was covered by chocolate.~~

あるある！

正しい英文：**My birthday cake was covered with chocolate.**

受け身の文で，by 以外の前置詞を使うものがあります。決まった表現なので，覚えておきましょう。この場合，「おおわれていた」は be covered with を使います。

第 3 位

問題　次の日本文を英語に直しなさい。
このマンガは学校の図書館で読むことができます。

~~This comic book can read in the school library.~~

あるある！

正しい英文：**This comic book can be read in the school library.**

この場合，このマンガは「読まれる」ので，can be read と表します。

KUWASHII
ENGLISH

中2
英語

11章

その他の重要表現

基本例文
の音声はこちらから

011

それぞれの英語表現が，実際の場面ではどのように使われるのかチェックしておこう！

UNIT 1

it の特別な使い方

Can-Do ▸ it を使って，時刻や天候，距離などについての表現ができる。

基本例文

A: What time is it in Sydney now?
B: It's ten thirty in the morning.

意味
A：シドニーでは今何時ですか。
B：午前10時30分です。

it は時，距離，天候，状況などを表す文の主語として使われることがあります。この場合の it には「それは」の意味はありません。

1 時を表す it

What time is it now?　（今何時ですか。）
— It's seven in the evening.　（夜の 7 時です。）　〈時刻〉
What day is it today?　（今日は何曜日ですか。）
— It's Wednesday.　（水曜日です。）　〈曜日〉
What is the date today?　（今日は何月何日ですか。）
— It's May 5th.　（5 月 5 日です。）　〈日付〉
It's spring now.　（今は春です。）　〈季節〉

2 時間・距離を表す it

I went to school by bike. It took an hour.　〈時間〉
（私は自転車で学校へ行きました。1 時間かかりました。）
How far is it from Minami-cho to Higashi-cho?
（南町から東町までどれくらいありますか。）
— It's about eleven kilometers.　（約11キロです。）　〈距離〉

注意

形だけの it

時，距離，天候，状況などを表す文の it は，特定のものを示さないので，「それは」という意味にならない。この it は，「形はあるが意味はない it」である。英語の文には主語が必要なので，文としての形を作るために it が使われることがある（➜p.138 形式主語）。

曜日や日付を答えるとき

今日の曜日や日付をたずねられて答えるとき，主語に it を使わずに，
Today is Wednesday.
（今日は水曜日です。）
のように答えることもある。

3 天候などを表す it

How is the weather today?　（今日の天気はどうですか。）
— It's nice.　（いい天気です。）　〈天候〉
It was hot outside.　（外は暑かったです。）　〈寒暖〉
It will be dark soon.　（すぐに暗くなるでしょう。）　〈明暗〉

4 状況を表す it

Who is it?　（だれですか。）
— It's me.　（私です。）　〈状況〉
It's your turn now.　（さあ，あなたの番です。）　〈状況〉

itを使って，いろんなことが表現できるんだね！

POINT

1. **it** は時，距離，天候，状況などを表す**文の主語**として使われることがある。
2. この場合の it は**「それは」の意味ではない。**

CHECK 059

解答 ➡ p.288

(　　) 内を正しい順に並べかえましょう。

☐ (1) (my / it / birthday / was / yesterday).
☐ (2) (in / Okinawa / is / warm / it) in February.

TRY! 表現力

今の時刻や今日の曜日を，it を使って表現してみましょう。

WORD LIST：ten thirty, Thursday, now, today

例　It's ten thirty (now). / It's Thursday today.

UNIT 2

付加疑問

Can-Do 付加疑問の形を使って，「〜ですよね」などと念をおす表現が使える。

基本例文

A: It's a nice day, isn't it?
B: Yes, it is. It's perfect.

意味
A：いい天気だよね。
B：うん，そうだね。完ぺきだね。

1 付加疑問とは

「〜ですよね」などと，相手に対して念をおしたり，同意を求めたりするときには，ふつうの文のあとに簡単な疑問形をつけることがあります。これを**付加疑問**といいます。会話文に多く見られます。

2 肯定文の付加疑問

付加疑問の形は，肯定文の場合，文の終わりにコンマ〈,〉を入れ，そのあとに**否定の疑問形**〈**否定の短縮形＋主語を表す代名詞？**〉を続けます。

You are from Shizuoka, aren't you?
（あなたは静岡出身ですよね。）

be 動詞がある文の場合，〈be 動詞＋not〉の短縮形を使います。

You study hard, don't you?
（あなたは熱心に勉強しますよね。）

一般動詞の文の場合，〈do [does, did] ＋not〉の短縮形を使います。

Yumi can swim, can't she? **（ユミは泳げますよね。）**

助動詞がある文の場合，〈助動詞＋not〉の短縮形を使います。

注意

付加疑問の文の読み方

付加疑問の文はものをたずねるというより念をおすために使われるので，ふつうの疑問文とはちがい，文の終わりを下げて読む。
ただし，Yes / No の返事を期待するときは，文の終わりを上げて読む。

〈助動詞＋not〉の短縮形

mustn't ＝ must not
won't ＝ will not
wouldn't ＝ would not
shouldn't ＝ should not
などがある。

③ 否定文の付加疑問

否定文の場合は，コンマのあと文末に**肯定の疑問形〈(助) 動詞＋主語を表す代名詞？〉**をつけます。

She wasn't a nurse, was she?
(彼女は看護師ではありませんでしたよね。)

be 動詞がある否定文の場合，be 動詞を使います。

Bob doesn't eat cake, does he?
(ボブはケーキを食べませんよね。)

一般動詞の否定文の場合，do [does, did] を使います。

They won't visit me, will they?
(彼らは私をたずねるつもりではないでしょうね。)

助動詞がある否定文の場合，その助動詞を使います。

否定文に続く付加疑問への答え方

問いの内容に関わらず，答えの文が肯定なら Yes，否定なら No で始める。
It isn't hot today, is it?
(今日は暑くないですよね。)
— **Yes,** it is (hot today).
(**いいえ**，暑いです。)
— **No,** it isn't (hot today).
(**はい**，暑くないです。)
Yes が「いいえ」，No が「はい」となり，日本語の意味と反対になるので注意が必要。

POINT

1. 「**〜ですよね**」と念をおしたり，同意を求めたりするときに使う形を**付加疑問**という。
2. **肯定文**には，**否定の疑問形**を続けて付加疑問を作る。
3. **否定文**には，**肯定の疑問形**を続けて付加疑問を作る。

CHECK 060

解答 ➔ p.288

(　　) 内から適切なものを選びましょう。

☐ (1) Shota was very busy, (wasn't, was) he?

☐ (2) Betty can't play the piano, (can, can't) she?

付加疑問を使って，「〜ですよね。」と相手に同意を求めてみましょう。

WORD LIST：hot, cold, great, interesting

例　It was hot yesterday, wasn't it?

UNIT 3

感嘆文

Can-Do 感嘆文を使って，「なんて～だろう！」と驚きやよろこびの表現ができる。

基本例文

A: Happy birthday! Here you are.
B: Wow! What a beautiful flower!

意味
A：お誕生日おめでとう！　はい，これをどうぞ。
B：まあ！　なんてきれいなお花なの！

1 感情を表現する文

Oh, no! （まさか！）
Wow! Wonderful! （まあ！　すてき！）

驚き，よろこびなどの強い感情を表すとき，文の終わりに感嘆符（かんたんふ）（エクスクラメーションマーク）〈！〉を置くことが多くあります。

very はつけない
very（とても）という強めの語の代わりに「なんて～だろう」という表現で意味を強めたのが What ～！の文。そのため very はつけなくてよい。

2 What を使った感嘆文

What a kind girl! （なんて親切な少女なのでしょう！）
What a wonderful plan! （なんてすばらしい計画なのでしょう！）

「なんて～だろう！」と強い感情を表す文を感嘆文（かんたんぶん）といいます。
形容詞のついた名詞を使って強い感情を表すときには，what で始めて〈What＋a［an］＋形容詞＋名詞！〉の形を使います。文の終わりは下げて読みます。

What beautiful dresses! （なんて美しい服なのでしょう！）
What cold water! （なんて冷たい水なのでしょう！）

名詞が複数形や数えられない名詞のときは，形容詞の前に a［an］はつきません。

What ～ に続く名詞が，複数形や数えられないもののときは，a［an］をつけちゃダメだよ。

③ Howを使った感嘆文

Look at the baby. How cute! 〈**How＋形容詞！**〉
（その赤ん坊を見てごらんなさい。なんてかわいいのでしょう！）
He is running. How fast! 〈**How＋副詞！**〉
（彼は走っています。なんて速いのでしょう！）

形容詞（prettyなど）や副詞（fastなど）だけを使って強い感情を表すときには，howで始めて〈**How＋形容詞［副詞］！**〉の形を使います。

whatとはちがい，howのあとに続くのは形容詞または副詞だけで，名詞は使いません。名詞がついている場合はhowではなくwhatを使って表現します。

〈主語＋動詞〉が省略

感嘆文は，本来は文末に〈主語＋動詞〉があり，これらは省略されているが，下の文のように省略せずに言ってもよい。
What a kind girl!
→ What a kind girl she is!
How pretty!
→ How pretty the baby is!

POINT

❶「**なんて～だろう！**」という驚きや喜びを表す文を**感嘆文**という。
❷ **形容詞のついた名詞**を使って強い感情を表すときには，**what**を使う。
❸ **形容詞や副詞だけ**を使って強い感情を表すときには，**how**を使う。

CHECK 061

解答 ➜ p.288

（　　）内から適切なものを選びましょう。
☐ (1) What a (smart boy, boy smart)!
☐ (2) (What, How) delicious this cake is!

感嘆文を使って，「なんて～だろう！」と驚きやよろこびを表現してみましょう。

WORD LIST：big, nice, exciting, wonderful

例　What a nice day!

この章の整理 CHAPTER 11

その他の重要表現

UNIT 1 it の特別な使い方

What time is it? 何時ですか。
— It's seven o'clock. —7時です。
How far is it from Tokyo to Osaka?
— It's about 400 km. 東京から大阪までどれくらいの距離がありますか。 —およそ400キロメートルです。
How is the weather? 天気はどうですか。
— It's raining. —雨が降っています。
It's your turn now. さあ，あなたの番です。

- it は，時，距離，天候，状況などを表す文の主語として使われることがある。
- この場合の it は「それは」の意味を表さない。

UNIT 2 付加疑問

It's a nice day, isn't it? いい天気ですね。
He runs fast, doesn't he? 彼は速く走りますよね。
Mai can speak French, can't she? マイはフランス語を話せますよね。

- 「〜ですよね」などと念をおしたり，同意を求めたりするときに使う形を付加疑問という。
- 付加疑問の形は，肯定文の場合，文の終わりにコンマ〈,〉を入れ，そのあとに〈否定の短縮形＋主語を表す代名詞？〉を続ける。
- 否定の短縮形は，be 動詞なら〈be 動詞＋not〉，一般動詞なら〈do [does, did] not〉，助動詞なら〈助動詞＋not〉の短縮形を使う。

She wasn't sick, was she? 彼女は病気ではなかったのですよね。
Bob doesn't play the piano, does he? ボブはピアノをひきませんよね。
They can't eat lunch here, can they? 彼らはここで昼食を食べられませんよね。

- 付加疑問の否定文は文末のコンマのあと〈(助) 動詞＋主語を表す代名詞？〉を続ける。

この章で学習したことを，もう一度チェックしてみよう！

We can't go out, can we?
— No, you can't.

私たちは外出できませんよね。
—はい，できません。

● 問いの内容にかかわらず，答えの文が肯定ならYes，否定ならNoで答える。

● 否定文に続く付加疑問に答えるときは，日本語の「いいえ」をYes，「はい」をNoと反対の意味で表すので，注意が必要。

UNIT 3 感嘆文

What a beautiful flower!
What cold water!

なんてきれいな花でしょう！
なんて冷たい水でしょう！

● 「なんて～だろう！」という驚きやよろこびを表す文を感嘆文という。

● 形容詞のついた名詞を使って強い感情を表すときには，〈What＋a[an]＋形容詞＋名詞！〉を使う。

● 名詞が複数形や数えられない名詞のときは，形容詞の前にa[an]はつかない。

How pretty!
How fast (she swims)!

なんてかわいいのでしょう！
(彼女は) なんて速い[速く泳ぐ]のでしょう！

● 形容詞や副詞だけを使って強い感情を表すときには，〈How＋形容詞[副詞]！〉を使う。

● 文末の〈主語＋動詞〉は省略することができる。

COLUMN
コラム

いろいろな文の付加疑問の形

① **There is ～, isn't there?**
There is a cat on the roof, isn't there? (屋根の上にネコがいますね。)

② **Let's ～, shall we?**
Let's go on a picnic, shall we?
(ピクニックに行きましょうね。)

③ **命令文, will you?**
Clean your room, will you?
(部屋をきれいにしてくださいね。)

定期テスト対策問題

解答 ➡ p.288

問 1 いろいろな it の使い方

次の会話が成り立つように，＿＿に適切な1語を入れなさい。

(1) A: What time is ＿＿＿＿＿＿ ?
  B: ＿＿＿＿＿＿ half past nine.

(2) A: What day ＿＿＿＿＿＿ ＿＿＿＿＿＿ today? Thursday?
  B: No. ＿＿＿＿＿＿ Friday.

(3) A: How far ＿＿＿＿＿＿ ＿＿＿＿＿＿ from here to the station?
  B: ＿＿＿＿＿＿ two kilometers.

(4) A: When is her birthday?
  B: ＿＿＿＿＿＿ January 7th.

問 2 be 動詞の形

次の絵に合う英文になるように，＿＿に適切な語を書きなさい。

(1) (2) (3)

(1) ＿＿＿＿＿＿ ＿＿＿＿＿＿ sunny today.

(2) ＿＿＿＿＿＿ ＿＿＿＿＿＿ snowy yesterday.

(3) ＿＿＿＿＿＿ ＿＿＿＿＿＿ ＿＿＿＿＿＿ rainy tomorrow.

問 3 付加疑問

次の英語を日本語にしなさい。

(1) Koji can speak English, can't he?
  (   )

(2) You are going to do your homework, aren't you?
  (   )

問 4 付加疑問

次の文に付加疑問をつけるとすれば，下のうちどれが適切か，記号で答えなさい。

(1) There is a letter on the desk, (　　　)?　(　　)

(2) Kazuo was not playing the piano, (　　　)?　(　　)

(3) Your mother gets up early, (　　　)?　(　　)

(4) It's a nice day, (　　　)?　(　　)

(5) These flowers are beautiful, (　　　)?　(　　)

ア doesn't she　イ hasn't he　ウ was he

エ aren't they　オ isn't there　カ isn't it

問 5 感嘆文

次の文の意味として正しいものを，記号で答えなさい。

(1) What a nice room!　(　　)

ア そのすてきな部屋はなんですか。　イ なんとすてきな部屋なのでしょう。

(2) How light this camera is!　(　　)

ア このカメラはどれくらい軽いのですか。

イ このカメラはなんと軽いのでしょう。

問 6 感嘆文

次の文の（　）内のうち適切なものを選び，○で囲みなさい。

(1) (How, What) a wonderful day!

(2) (How, What) big dogs those are!

(3) (How, What) kind that boy is!

(4) How bright (is this room, this room is)!

問 7 感嘆文

（　）内の語句を並べかえて英文を完成させなさい。

(1) (long / a / what / bridge)!

______________________________!

(2) (that doll / how / is / cute)!

______________________________!

(3) (that / mountain / a / beautiful / what / is)!

______________________________!

現役先生方に聞いた！
あるある
誤答
ランキング

中学校の先生方が，「あるある！」と思ってしまう，生徒たちのよくありがちな誤答例です。「自分は大丈夫？」としっかり確認して，まちがい防止に役立ててください。

第1位

問題　次の日本文を英語に直しなさい。
彼女は料理が上手ですね。

×　She cooks well, isn't she?

あるある！

正しい英文：　**She cooks well, doesn't she?**

付加疑問を作るときは，肯定文の場合，文の終わりに〈, ＋否定の疑問形（n't＋代名詞？）〉をつけます。

第2位

問題　次の日本文を英語に直しなさい。
今日は金曜日です。

×　This is Friday.

あるある！

正しい英文：　**It is Friday today.（または Today is Friday.）**

it は通常前に出てきた語を受けて「それ」の意味を表します。しかし，時や天候を表すときは前に出てきたかどうかに関わらず，形式的な主語として it を用います。

第3位

問題　次の日本文を英語に直しなさい。
彼はなんて速く走るのでしょう！

×　How a fast runner he is!

あるある！

正しい英文：　**What a fast runner he is!**

How を使う場合，あとにくるのは形容詞または副詞のみになります。〈形容詞＋名詞〉がくる場合は〈What＋（a[an]＋）形容詞＋名詞～！〉の形になります。

12 章

前置詞

基本例文
の音声はこちらから

012

それぞれの英語表現が，実際の場面ではどのように使われるのかチェックしておこう！

UNIT 1

前置詞の働きと使い方

Can-Do 前置詞のイメージをつかみ，場所，時，手段などを表すために活用できる。

基本例文

A: There are a lot of dogs in the park.
B: The dog on the bench is Lisa's.

意味
A：この公園に犬がたくさんいるわ。
B：ベンチの上にいる犬はリサのだよ。

1 前置詞とは

上の **in** the park，**on** the bench のように名詞，代名詞の前に置かれ，場所，時，手段などを表すものを**前置詞**といいます。

2 〈前置詞＋（代）名詞〉の働き

① **副詞の働き（動詞を修飾）**

動詞　〈前置詞＋名詞〉
Ken was standing by the tree.
（ケンは木のそばに立っていました。）

② **形容詞の働き（名詞を修飾）**

名詞　〈前置詞＋名詞〉
The dog under the bench is Shiro.
（ベンチの下の犬はシロです。）

3 前置詞の使い分け

She will get the news by e-mail.
（彼女はその知らせをＥメールで受け取るでしょう。）
I watched a basketball game on TV.
（私はテレビでバスケットボールの試合を見ました。）

前置詞のあとは目的格

前置詞のあとに代名詞が続く場合は，me，him，them などの目的格を使う。
We waited **for him.**
（私たちは**彼を**待ちました。）

〈前置詞＋（代）名詞〉は，副詞や形容詞のような働きをするんだね。

日本語で同じ「～で」と表すものも，英語では by や on，in などいろいろな前置詞を使います。つまり，日本語にしたとき同じように思えても，前置詞は，あとに続く語句によって使い分けが必要なのです。

セットで覚える！

前置詞の使い分けを覚えるときには，あとに続く名詞・代名詞とセットで覚えるのもおすすめだ。
in the park, on the bench, by the tree など，実際の使用例を頭に入れておくと，いざというとき役に立つ。

4 前置詞のイメージをつかむ

He studied hard for the exam.
（彼は試験のために熱心に勉強しました。）

たとえば，場所を表す前置詞 for（➡p.203）は，目的地に向かうなど，何かに「向かう」というイメージを持っている前置詞です。上の文で for は「～のために」という意味ですが，試験「に向かって」努力するイメージを頭に思い浮かべて for とむすびつけると覚えやすくなります。

前置詞は，イメージで覚えるといいんだね！
!?

POINT

1. **前置詞**はふつう，**名詞，代名詞の前**に置かれる。
2. 〈前置詞＋（代）名詞〉の形で，**動詞や名詞を修飾**する。
3. 日本語が同じでも，前置詞は**使い分けが必要**となる。

CHECK 062

解答 ➡ p.289

（　　）内を，正しい順に並べかえましょう。

□ (1) Please (chair / on / sit / the).

□ (2) (at / in / look / the boy) the park.

前置詞を使って，「～にいるネコを見なさい。」と言ってみましょう。

WORD LIST：by, on, under, bed, table, roof

例　Look at the cat on the bed.

12章 前置詞

UNIT 2

場所を表す前置詞

Can-Do 前置詞を使って，場所を表す表現ができる。

基本例文

A: Is my bag on the table?
B: No, it's under the table.

意味
A：ぼくのバッグはテーブルの上にある？
B：いいえ，テーブルの下よ。

1 at と in

I met Bob at a bookstore in Tokyo.
（私は東京のある書店でボブに会いました。）
What do you have in the box?
（その箱の中に何が入っていますか。）

at は比較的せまい場所，in は広い場所に使うことが多いですが，「～の中に」と言う場合は，広さに関係なく in を使います。

2 「～の上に」を表す前置詞

① on＝「～の上に」（接している）
Your watch is on the desk.
（あなたの腕時計は机の上にあります。）

② over＝「～の上に」（真上，かぶさる） ⇔ under
There was a large sign over the entrance.
（入口の上に大きな看板がありました。）

③ above＝「～の上に」（位置が上） ⇔ below
I live in an apartment above a bookstore.
（私は書店の上にあるアパートに住んでいます。）

注意

上だけじゃない！

on ～ は「～の上に」という意味であるが，下や横につくときも on を使うことがある。必ずしも上になるわけではない。
on には，天井や壁など何かの「面の上に接している」というニュアンスがあるからだ。
Can you see the fly on the ceiling?
（天井のハエが見えますか。）
上の例文では，ハエのいる位置は天井よりも下になるが，天井の面の上に接してそこにいるので，on を使うのが正しい。

3 「〜へ」を表す前置詞

Ann walks to school.（アンは学校へ歩いて行きます。）
They left for Hawaii.（彼らはハワイへ出発しました。）
The dog was running toward him.
（その犬は彼の方へ走っていました。）

「〜へ」のちがい
to は到着する地点を，for は出発するときの目的地を，toward は運動の方向を表すのに使う。

4 その他の場所を表す前置詞

from	〜から	between	（2つ）の間に
into	〜の中に	among	（3つ以上）の間に
across	〜を横切って	by	〜のそばに
along	〜に沿って	near	〜の近くに
through	〜を通って	around	〜のまわりに

それぞれの前置詞にいろいろなイメージがあるよ。実例といっしょに覚えよう！

POINT

❶ 比較的**せまい場所には at，広い場所には in** を使う。
❷ **「〜の上に」**や**「〜へ」**を表す前置詞はそれぞれ**複数あり**，表す内容によって**使い分ける**。

CHECK 063

解答 ➡ p.289

（　）内から適切なものを選びましょう。
□ (1) I saw her (to, at) the station yesterday.
□ (2) I went (to, at) a bookstore in Tokyo last Sunday.

on, in を用いて，いろいろな場所について表現してみましょう。
WORD LIST：book, key, watch, table, room, box

例 Your key is on the table.

UNIT 3

時を表す前置詞

Can-Do 前置詞を使って，時を表す表現ができる。

基本例文

A: Do you practice soccer on Sunday mornings?
B: Yes. I get up at six every Sunday.

意味
A：きみは日曜日の朝にサッカーの練習をするの？
B：そうだよ。毎週日曜日は6時に起きるんだ。

1 at, on, in

at, on, in は時を表し，「～に」という意味になります。

at	時刻	at ten thirty （10時半に） at noon （正午に）
on	日，曜日	on May 3rd （5月3日に） on Sunday （日曜日に）
in	月，季節，年など	in May （5月に） in spring （春に） in 2022 （2022年に）

2 till [until] と by

till [until] は「～まで（ずっと）」と継続を表すのに対して，by は「～までに」と期限を表します。

Stay here till five. （5時まで（ずっと）ここにいなさい。）
Come back by five. （5時までにもどってきなさい。）

午前・午後の表し方

「午前［午後，夕方］に」はin を使って表す。
My father usually takes a walk **in the morning.**
（私の父はたいてい**午前に**散歩をします。）
午前（in the morning），午後（in the afternoon）などは，決まり文句でこのまま言う。
I'll meet my niece **in the afternoon.**
（私は午後，めいに会うつもりです。）
特定の日の午前・午後はon を使って表す。
We go to church **on Sunday morning.**
（私たちは**日曜日の午前に**教会に行きます。）
I have math **on Friday afternoon.**
（私は**金曜日の午後に**数学があります。）

3 in と within

in は「(今から) ～たてば，～後に」と時の経過を表すのに対して，within は「～以内に」と一定の期限内を表します。

He'll be back in a week. （彼は1週間後にもどります。）
He'll be back within a week. （彼は1週間以内にもどります。）

4 for と during

どちらも「～の間」という意味ですが，for のあとには〈数＋長さの単位〉が続くのに対し，during のあとには期間の名称が続きます。

We played soccer in the rain for an hour.
（私たちは雨の中1時間サッカーをしました。）
Koalas sleep during the day. （コアラは昼の間寝ています。）

注意

前置詞を使わない時の表し方

時を表す語句に this, that, next, last, every などがつく場合は，ふつう in などの前置詞を使わない。
this summer
（今年の夏に）
next Tuesday
（次の火曜日に）
last night（昨夜）

その他の時を表す前置詞

from　～から
before　～の前に
after　～のあとに

POINT

❶ 時刻には at，日や曜日には on，月や季節，年などには in を使う。
❷ till [until] と by，in と within，for と during などは，表す内容やあとに続く語句などによって使い分ける。

CHECK 064

解答 ➜ p.289

（　　）内から適切なものを選びましょう。
□ (1) I must finish my work (till, by) tomorrow.
□ (2) He will be back at the office (before, in) three o'clock.

TRY! 表現力

前置詞を使って，自分が毎日何時に寝ているかについて言ってみましょう。

WORD LIST：bed, ten o'clock, every day

例 I go to bed at ten o'clock every day.

UNIT 4

その他の前置詞

Can-Do いろいろな前置詞を使い分け，表現に生かすことができる。

基本例文

A: Don't talk in a loud voice on the phone.
B: Sorry, Mom.

意味
A：電話で大声でおしゃべりしないで。
B：ごめん，お母さん。

1 いろいろな意味を表す前置詞

これまで学習した前置詞には，場所や時以外にもさまざまな意味を表すものがあります。

by	交通手段 行為者	by car （車で） by Tom （トムによって）（➡p.172）
with	道具 同伴 所有	with a knife （ナイフで） go with Maki （マキといっしょに行く） a girl with long hair （長い髪をした少女）
in	言語 手段・方法 着用	in English （英語で） in a loud voice （大声で） in a white coat （白いコートを着て）
on	通信手段 関連	on the phone （電話で） a book on history （歴史に関する本）
for	利益・目的 対象 代用	for the exam （試験のために） easy for me （私にとってやさしい） run for him （彼の代わりに走る）

注意

交通手段の表し方

〈by＋乗り物〉の形はよく使われる。
by bike（自転車で）
by plane（飛行機で）
by subway（地下鉄で）
これらは決まり文句なので，（×）by a bike など，他の語は入れない。特定のケースでは，in his car（彼の車で）のように，by 以外の前置詞を使う。

もっと！

徒歩のときは？

「徒歩で」というときは on を使って **on foot** と言う。
He traveled from Edo to Tohoku **on foot.**
（彼は江戸から東北まで**徒歩で**旅行しました。）
ただし，「歩いて～へ行く」と言う場合は，walk to ～ がふつう。

Tomoki went to the park by car.〈交通手段〉
（トモキは車で公園に行きました。）

Look at that girl with long hair.〈所有〉
（長い髪をしたあの女の子を見てごらんなさい。）

Yuto was in a red T-shirt.〈着用〉
（ユウトは赤いＴシャツを着ていました。）

We talked on the phone for two hours.〈通信手段〉
（私たちは２時間電話で話しました。）

Please say hello to your parents for me.〈代用〉
（私の代わりにあなたのご両親によろしくお伝えください。）

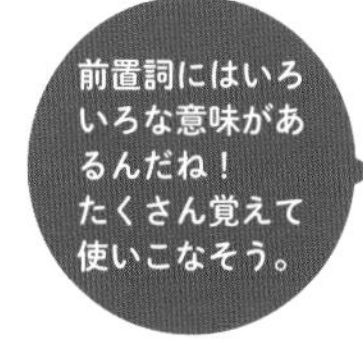

前置詞にはいろいろな意味があるんだね！
たくさん覚えて使いこなそう。

もっと！

その他のよく使われる前置詞

of は「**〜の**」の意味で，所有や部分などを表します。
Do you know the name of this flower?
（あなたはこの花の名前を知っていますか。）
about は「**〜について**」の意味で，関連を表します。
Do you know anything about it?
（あなたはそれについて何か知っていますか。）

注意

about のもう１つの意味

about は「約〜，およそ〜」という意味でもよく使われるが，辞書ではこの意味は前置詞ではなく副詞として載っていることが多い。

POINT

❶ 前置詞は，場所や時以外にも**いろいろな意味を持つ。**

❷ 前置詞の中には，**たくさんの意味を持つものがある。**

CHECK 065

解答 ➜ p.289

（　　）内から適切なものを選びましょう。

□ (1) The students went to Nagano (on, by) bus.

□ (2) The man was walking (with, in) a little girl.

TRY! 表現力

校外学習のとき，どこへどんな交通手段で行ったかを，前置詞を使って表現してみましょう。

WORD LIST：went to, by, bus, train, ship, on foot

例　We went to Asakusa by train.

UNIT 5

前置詞を含む熟語

Can-Do 前置詞を含む熟語を活用し，表現に生かすことができる。

基本例文

A: Where is Aki?
B: She is waiting for you in front of the school.

意味
A：アキはどこにいるの？
B：彼女なら学校の前であなたを待ってるわよ。

1 2語以上で1つの前置詞の働きをする熟語

according to ～　「～によると」
because of ～　「～のために」
in front of ～　「～の前に［で］」
out of ～　「～から（外へ）」
thanks to ～　「～のおかげで」　など

Thanks to you, our team won the game.
（あなたのおかげで，私たちのチームはその試合に勝ちました。）

2 動詞と前置詞を含む熟語

get on [off] ～　「～に乗る［から降りる］」
get to ～　「～に着く」
laugh at ～　「～を笑う」
wait for ～　「～を待つ」
look forward to ～　「～を楽しみに待つ」
make friends with ～　「～と親しく［友だちに］なる」
take care of ～　「～の世話をする」
help ～ with …　「～の…を手伝う」　など

学校のテストや高校入試でも頻出の熟語ばかりだよ。

注意

前置詞によって異なる①

同じ動詞を使う熟語でも，あとの前置詞により意味が異なるものがある。
look at ～（～を見る）
look for ～（～をさがす）
look after ～（～の世話をする）
また，前置詞がつくことで，もとの動詞とは異なる意味を表すものがある。
call（もとの意味は「呼ぶ」）
call on ～（〔人〕を訪問する）
call at ～（〔場所〕を訪問する）

Will you help me with my homework?
（私の宿題を手伝ってくれますか。）

3 〈be 動詞＋形容詞＋前置詞〉の熟語

be absent from ～	「～を欠席する」
be afraid of ～	「～をおそれる」
be different from ～	「～とちがう」
be famous for ～	「～で有名である」
be full of ～	「～でいっぱいである」
be good at ～	「～が得意［上手］である」
be late for ～	「～に遅れる」
be proud of ～	「～を誇りに思う」　など

Lisa was absent from school yesterday.
（リサは昨日，学校を欠席しました。）

動詞への言いかえ

前置詞を含む熟語の中には，他の動詞１語で言いかえられるものがある。
call on［at］＝visit（訪問する）
get to＝reach（着く）
be afraid of＝fear（おそれる）
be fond of＝like（好む）

前置詞によって異なる②

〈be 動詞＋形容詞＋前置詞〉の熟語の中には，前置詞によって意味が異なるものがある。
be tired **of** ～（～にあきて）
be tired **from** ～（～に疲れて）

POINT

❶ **2 語以上で 1 つの前置詞と同じ働き**をするものがある。
❷ 前置詞は，**動詞や形容詞などと結びついて熟語を作る**ことが多い。

CHECK 066

解答 ➜ p.289

（　　）内から適切なものを選びましょう。
☐ (1) I am not good (in, at) playing soccer.
☐ (2) I am looking (to, for) my pen. I lost it yesterday.

自分が上手なことや苦手なことを，前置詞を使って表現してみましょう。

WORD LIST：science, history, sports, singing songs, playing *kendama*

例　I am good at science.

この章の整理 CHAPTER 12

前置詞

UNIT 1 前置詞の働きと使い方

There is a dog in the park. 公園に犬がいます。
The girl under the tree is my friend. 木の下の女の子は私の友だちです。

- 前置詞はふつう，名詞，代名詞の前に置かれる。
- 〈前置詞＋（代）名詞〉の形で，動詞や名詞などを修飾する。

UNIT 2 場所を表す前置詞

I met my aunt at the museum in Paris. 私はパリの美術館でおばに会いました。

- 「～で」を表す前置詞 at は比較的せまい場所，in は広い場所に使うことが多い。

Is my bag on the table? 私のバッグはテーブルの上にありますか。
Let's jump over the river. 川を飛び越えましょう。

- 「～の上に」を表す前置詞には，on，over，above などがある。

I went to the station. 私は駅へ行きました。
When do you leave for work? あなたはいつ仕事へ出かけますか。

- 「～へ」を表す前置詞には，to，for，toward などがある。

UNIT 3 時を表す前置詞

We'll start the game at 11 o'clock. 11時に試合を始めます。
Let's practice soccer on Sunday. 日曜日にサッカーの練習をしましょう。

- 時刻には at，日や曜日には on，月や季節，年などには in を使う。

この章で学習したことを，もう一度チェックしてみよう！

I have to work till [until] 10 p.m. 私は午後10時まで働かなければなりません。
I have to go to work by 10 a.m. 私は午前10時までに仕事に行かなければなりません。

- till [until] は「～まで（ずっと）」と継続を表すのに対して，by は「～までに」と期限を表す。

I'll be there in 30 minutes. 私は30分でそこに着きます。
I'll be there within 30 minutes. 私は30分以内にそこに着きます。
We played tennis for an hour. 私たちは１時間テニスをしました。
The library is closed during summer. 図書館は夏の間，閉まっています。

- 意味が似ている前置詞は，表す内容やあとに続く語句などによって使い分ける。

UNIT 4 その他の前置詞

She goes to school by bus. 彼女はバスで学校に行きます。
This book is written in French. この本はフランス語で書かれています。
I want to learn about Japanese history. 私は日本史について学びたいです。

- 前置詞は，場所や時以外にも，手段や所有など，いろいろな意味を表す。

UNIT 5 前置詞を含む熟語

Don't leave your bike in front of the gate. 自転車を門の前に置かないでください。

- ２語以上で１つの前置詞と同じ働きをするものがある。

Your mother is waiting for you. お母さんがあなたを待っています。
I'm afraid of ghosts. 私は幽霊が怖いです。

- 前置詞には動詞や形容詞などと結びついて熟語を作るものが多い。

定期テスト対策問題

解答 ➡ p.289

問 1 場所を表す at, on, in

次の絵に合う英文になるように，＿＿に at, on, in のいずれかを選んで書きなさい。

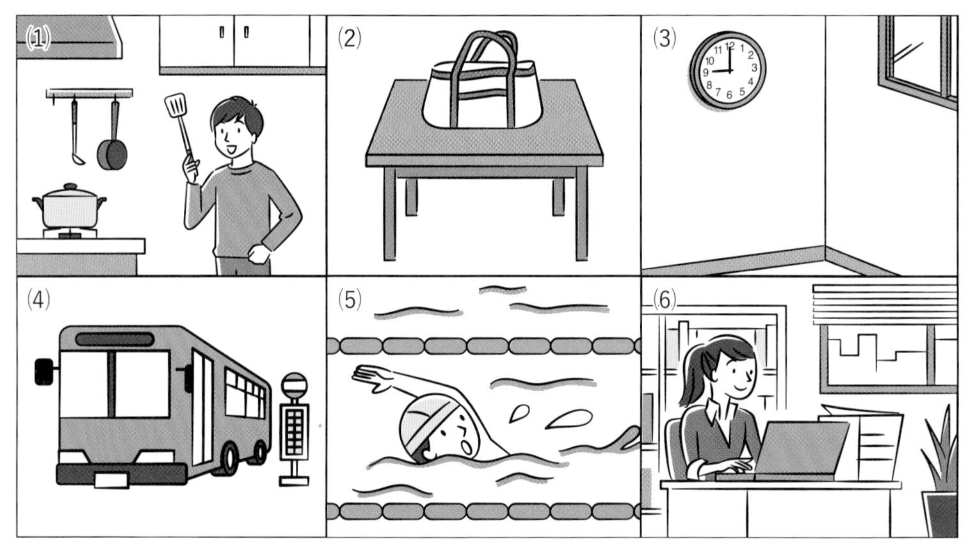

(1) He is ＿＿＿＿＿＿ the kitchen.
(2) The bag is ＿＿＿＿＿＿ the table.
(3) The clock is ＿＿＿＿＿＿ the wall.
(4) The bus is ＿＿＿＿＿＿ the bus stop.
(5) He is swimming ＿＿＿＿＿＿ the pool.
(6) She is working ＿＿＿＿＿＿ her desk.

問 2 場所を表す前置詞

日本語に合うように，(　　) 内の語句を並べかえなさい。

(1) 涙が彼女の目から流れました。 (of / her / tears / eyes / came / out).

＿＿＿＿＿＿＿＿＿＿＿＿＿＿＿＿＿＿＿＿＿＿＿＿.

(2) 多くの人たちが家のまわりであなたを待っています。

Many people are (around / for / you / your house / waiting).

Many people are ＿＿＿＿＿＿＿＿＿＿＿＿＿＿＿＿＿＿.

(3) ベンチの下の犬を見てごらんなさい。 (the bench / look / the dog / under / at).

＿＿＿＿＿＿＿＿＿＿＿＿＿＿＿＿＿＿＿＿＿＿＿＿.

問 3 時を表す at, on, in

次の文の（　　）内のうち適切なものを選び，○で囲みなさい。

(1) I got up (at, on, in) 7:30 this morning.

(2) Sue was born (at, on, in) 2000.

(3) My family usually goes to the beach (at, on, in) summer.

(4) Mr. Brown will send me the letter (at, on, in) the end of the month.

(5) What are you doing (at, on, in) the weekend?

問 4 前置詞を含む熟語

日本語に合うように，（　　）内の前置詞が入る場所を１つ選び，記号を○で囲みなさい。

(1) この地図によると，郵便局はこの近くにあります。

According ア this map, the post office is イ near ウ here エ.　(to)

(2) 私は今朝，駅の前でデイビッドに会いました。

I saw ア David イ front of ウ the station エ this morning.　(in)

(3) この公園は桜で有名です。

This park ア is イ famous ウ cherry blossoms エ.　(for)

(4) 私は昨日，サキといっしょにその小さな犬の世話をしました。

I took ア care イ the little dog with ウ Saki エ yesterday.　(of)

問 5 いろいろな前置詞

日本語に合うように，＿＿に適切な１語を入れなさい。

(1) 彼は家族についての本を書く予定です。

He will write a book ＿＿＿＿＿＿ his family.

(2) サキは英語でスピーチをしました。

Saki gave her speech ＿＿＿＿＿＿ English.

(3) 私は夏休みの間，おじさんの家に滞在しました。

I stayed at my uncle's house ＿＿＿＿＿＿ the summer vacation.

(4) 彼はそのとき，ラジオを聞いていました。

He was listening ＿＿＿＿＿＿ the radio then.

(5) 私は飛行機で沖縄に行きました。

I went to Okinawa ＿＿＿＿＿＿ plane.

＼ 現役先生方に聞いた！ ／

あるある誤答ランキング

中学校の先生方が,「あるある!」と思ってしまう，生徒たちのよくありがちな誤答例です。「自分は大丈夫?」としっかり確認して，まちがい防止に役立ててください。

第 1 位

問題　次の日本文を英語に直しなさい。
私は今年の夏に家族といっしょにおばを訪ねました。

I visited my aunt with my family ~~in~~ this summer.

あるある！

正しい英文：**I visited my aunt with my family this summer.**

季節を表すときは通常 in を使いますが，this，next，last などの時を表す語句があるときは，前置詞をつけません。

第 2 位

問題　日本文を参考に,（　　）に入る適切な語を【　　】から選んで書きなさい。
壁にカレンダーがかかっています。【 in, on, at, of 】

There is a calendar（ ~~in~~ ）the wall.

あるある！

正しい英文：**There is a calendar on the wall.**

on は表面にくっついている状態を表します。上だけではなく，天井や壁など，下や横につくときも on を使います。

第 3 位

問題　日本文を参考に,（　　）に入る適切な語を【　　】から選んで書きなさい。
彼女は東京から静岡まで歩いて旅行しました。【 by, on, with, of 】

She traveled from Tokyo to Shizuoka（ ~~by~~ ）foot.

あるある！

正しい英文：**She traveled from Tokyo to Shizuoka on foot.**

交通手段を表すときは,〈by＋乗り物〉が基本です。ただし,「徒歩で」というときは，on を使うので気をつけましょう。

KUWASHII ENGLISH

中2 英語

13章 品詞の整理

基本例文の音声はこちらから

013

それぞれの英語表現が，実際の場面ではどのように使われるのかチェックしておこう！

UNIT 1

冠詞

Can-Do 冠詞（a [an], the）の基本的な使い方を理解し，表現に生かせる。

基本例文

A: You were running with a dog yesterday.
B: Oh, yes. The dog is my cousin's.

意味
A：昨日，きみは犬といっしょに走っていたね。
B：ああ，そうなのよ。その犬はいとこなの。

1 冠詞の種類

a, an, the を冠詞（かんし）と呼び，名詞の前に置きます。初めて話題にのぼるもの（単数形）には a [an]，話している人の間で何をさすかわかっているものには the をつけます。

2 a [an] の用法と意味

Please give me a lemon.（私にレモンを（1つ）ください。）
└名詞（単数形）
Please give me an apple.（私にリンゴを（1つ）ください。）
└[æ ア] で始まる

a [an] は「1つの」という意味で，数えられる名詞（➜p.218）の単数形の前につけます。ただし，日本語ではふつう言いません。また，発音が母音ではじまる語があとにくるときは an を使います。

I saw a girl at the station.
（私は駅である女の子に会いました。）
Yuki goes to the swimming pool twice a week.
（ユキは週に（つき）2回スイミングプールに行っています。）

a [an] は「1つの」という意味の他に，「ある～」「～につき」という意味で使われることもあります。

冠詞

冠詞のうち，a, an を**不定冠詞**，the を**定冠詞**といいます。また，名詞の前に置いて名詞を修飾するという意味では，冠詞は形容詞に似ているということもできる。

語順に注意

名詞の前に形容詞がくるときは，〈a [an] + 形容詞 + 名詞〉の語順になる。
a new house（新しい家）
an old house（古い家）

発音が母音のとき

hour [áuər **ア**ゥァ] などは，つづりは h で始まるが，**発音は母音で始まる**から **an** hour になる。逆に UFO [jú:efóu **ユー**エフ**オ**ウ] は U で始まるが，**発音は子音で始まる**から **a** UFO。

③ the の用法

the はあとの名詞の数に関わらず使われます。数えられるかどうかも関係ありません。また，おもに以下のような場合に使われます。

①前に出た名詞をくり返す場合
Look at those dogs. The black dog is very big.
（あれらの犬を見てください。黒い犬はとても大きいです。）

②何をさしているかわかっている場合
Please open the door. （ドアを開けてください。）

③ of ～ などがついて意味が限定される場合
Tokyo is the capital of Japan. （東京は日本の首都です。）

④１つしかないものの場合
The earth moves around the sun.
（地球は太陽のまわりをまわっています。）

the の発音

the はふつう [ðə ザ] と読むが，母音で始まる語があとにくると [ði ズィ] と発音する。
the boy（男の子）
[ðə ザ]
the apple（リンゴ）
[ði ズィ]

冠詞をつけない表現

名詞に冠詞をつけない表現もある。
have lunch（昼食をとる）
go to school（学校へ行く）
by bus（バスで）
at night（夜に） など

POINT

❶ **a [an]** は，初めて話題にのぼったものなど**不特定のもの（単数形）につく。**

❷ **the** は，話している人の間で何をさすかわかっている場合など，**特定のものにつく。**

CHECK 067

解答 ➡ p.290

（　　）内から適切なものを選びましょう。

□ (1) (A, The) man was very tall.
□ (2) There is (a, an) orange on the table.

昨日出会っただれかについて，「その～は…でした。」と表現してみましょう。

WORD LIST：girl, boy, man, woman, teacher, smart, kind

例　The girl was kind.

UNIT 2

名詞

Can-Do 数えられる名詞と数えられない名詞のちがいを理解し，表現に生かせる。

基本例文

A: Would you like some cookies?
B: Yes, please. And a glass of water, please.

意味
A：クッキーをいくつかいかが？
B：うん，お願い。それと水を１杯ちょうだい。

1 名詞の種類

人やものの名を表すことばを名詞といいます。名詞には数えられる名詞（可算名詞）と数えられない名詞（不可算名詞）があります。

数えられる名詞	girl（女の子） family（家族） など	a [an] がつき， 複数形がある
数えられない名詞	water（水） peace（平和） など	a [an] がつかず， 複数形がない

2 数えられる名詞の複数形

数えられる名詞は，２つ以上のときは複数形にします。複数形の作り方には，次のようなものがあります。

大部分の語 → s をつける

boy（少年）→ boys　　cup（カップ）→ cups　など

語尾が s, ss, o, ch, sh, x で終わる語 → es をつける

bus（バス）→ buses　　glass（コップ）→ glasses
dish（皿）→ dishes　　box（箱）→ boxes　など

もっと！

５種類の名詞

名詞が表すものの種類は，次の５つに分類できる。

①**普通名詞**　girl など，形のある人やもの。
②**集合名詞**　family など，同じ種類の人やもののグループ。
③**固有名詞**　Japan など，人・もの・場所に特有の名。
④**物質名詞**　water など，一定の形をもたない物質・材料。
⑤**抽象名詞**　peace など，形のない概念を表す語。

いろいろな語形変化をまとめた p.272 もチェックしておこう。

語尾が子音字＋y → y を i にかえて es をつける

city（市）→ cities　　baby（赤ん坊）→ babies　など

語尾が f, fe → f, fe を v にかえて es をつける

leaf（葉）→ leaves　　knife（ナイフ）→ knives　など

3 数えられない名詞の数え方

数えられない名詞はそれらを入れる器（うつわ）や形，単位で量を表します。

a cup of **tea**「1杯の紅茶」　a glass of **water**「コップ1杯の水」
a piece of **bread**「1切れのパン」　a piece of **advice**「1つの助言」

Give us three glasses of orange juice, please.
（私たちにオレンジジュースを3杯ください。）

複数にするときは two cups of tea（2杯の紅茶）のように，単位を表す語のほうを複数形にします。

不規則変化の複数形

child（子ども）
→ **children**
man（男性）→ **men**
woman（女性）
→ **women**
tooth（歯）→ **teeth**
以下は単数形と複数形が同じ。
sheep（羊）→ **sheep**
fish（魚）→ **fish**
Japanese（日本人）
→ **Japanese**

もっと！

「1組の～」

1組，1対になっているもの，たとえば shoes（くつ），gloves（手袋），socks（くつ下），pants（ズボン）などを数えるときには **a pair of** ～を使う。

POINT

1. 名詞には**数えられる名詞**と**数えられない名詞**がある。
2. 数えられる名詞は，2つ以上のときは複数形にする。
3. 数えられない名詞は，それらを入れる**器や形，単位で量を表す**。

CHECK 068

解答 ➡ p.290

（　　）内から適切なものを選びましょう。

☐ (1) I want a new (pen, pens).　☐ (2) He ate a (piece, pieces) of bread.

TRY! 表現力

「私は～がほしい」のように何がいくつほしいか言ってみましょう。

WORD LIST：want, one [a / an], two, some, many, new bike, interesting book

例　I want a new bike.

UNIT 3

代名詞

Can-Do 代名詞の基本的な使い方を理解し，表現に生かせる。

基本例文

A: I want something sweet.
B: I have some cookies. Here's a large one.

意味
A：何か甘いものがほしいな。
B：クッキーがあるんだ。大きいのをどうぞ。

1 代名詞とは

名詞の代わりをする語を代名詞といい，次のような種類があります。

人称代名詞	人やものを表す	I，you，he，they など
所有代名詞	「～のもの」を表す	mine，yours，hers など
再帰代名詞	「～自身」を表す	myself，ourselves など
指示代名詞	ものを直接さす	this，that など
不定代名詞	ばくぜんと不特定の人・もの・数量を表す	one，some，all，both，everything など

2 代名詞 one

This shirt is small. Show me some larger ones.
（このシャツは小さいです。もっと大きいものをいくつか見せて。）

注意

人称代名詞の復習

主格「～は」	所有格「～の」	目的格「～を」
I	my	me
we	our	us
you	your	you
he	his	him
she	her	her
it	its	it
they	their	them

もっと！

one と it のちがい

one はばくぜんと同種のもの（不特定のもの）をさすのに対し，it は特定のものをさす。
My bike is old, but I like **it**. I don't want a new **one**.
（私の自転車は古いです，でも私は**それ**が好きです。私は新しい**もの**はほしくないんです。）

one は同じ種類のものを表す代名詞として，すでに出た名詞のくり返しを避けるために使われることがあります。

3 somethingなどの代名詞

Someone is standing at the school gate.
（だれかが校門のところに立っています。）
Everything went well.　（すべてがうまくいきました。）

some, any, every, no の語尾に -thing, -one, -body をつけた形はすべて代名詞で，すべて単数扱いです。-thing はものを，-one と -body は人を表します。

There was nothing（代名詞） interesting（形容詞） on TV today.
（今日のテレビはおもしろそうなものは何もやっていませんでした。）

形容詞が -thing などの代名詞を修飾するときは，形容詞を後ろに置きます。

その他の不定代名詞

one の他に，次のような不定代名詞がある。
・all（すべて）
・each（それぞれ）
・both（両方）
・either（どちらか）
・other（他のもの）
・another
（もう１つ別のもの）
・none（何も～ない）など
上記のうち，each, either, another は単数扱い。

POINT

1. 名詞の代わりをする語を**代名詞**という。
2. 代名詞 **one** は，すでに出た名詞と**同じ種類のもの**を表す。
3. **-thing はもの**を，**-one と -body は人**を表す代名詞で，すべて**単数扱い**。

CHECK 069

解答 ➜ p.290

（　　）内から適切なものを選びましょう。

□ (1) I don't have any pens. Do you have (it, one)?

□ (2) I'll show you (something interesting, interesting something).

TRY! 表現力

自分の持ちものについて，「その～は，私のです。」と表現してみましょう。

WORD LIST：notebook, racket, bag, bike, hat

例　That bike is mine.

UNIT

形容詞

Can-Do 形容詞を適切に使って，表現に生かせる。

基本例文

A: Did Ken eat so many strawberries?
B: Yes. He ate some bananas, too.

意味
A：ケンはイチゴをそんなにたくさん食べたの？
B：うん。彼はバナナもいくつか食べたよ。

1 形容詞の働き

形容詞 名詞
Mai has a cute dog. （マイはかわいい犬を飼っています。）
名詞を修飾

主語 形容詞
Mai's dog is cute. （マイの犬はかわいいです。）
主語を説明

形容詞は，人やものの状態や様子を表す語です。名詞の前に置かれて後ろの名詞を修飾する働きと，be 動詞や look などの動詞のあとに置かれて主語を説明する働きがあります（➜p.102）。

2 some と any

I want some water. （私はいくらか水がほしいです。）
I don't have any pets. （私はペットを１匹も飼っていません。）

some，any は「いくつか（の）」「いくらか（の）」の意味です。ふつう，some は肯定文に，any は否定文・疑問文に使われます。否定文での any は「１つも［少しも］～（ない）」という意味になります。

〈something＋形容詞〉

形容詞が -thing などの代名詞を修飾するときは，前ではなく後ろに形容詞を置く。（➜p.221）

肯定文での any

〈any＋単数の名詞〉は肯定文の中で使われ，「どの～でも」という意味になる。
Any question is OK.
（**どんな**質問**でも**いいですよ。）

ものをすすめるときの some

相手にものをすすめるときや Yes の答えを期待しているときは，疑問文でも some を使います。
Would you like some coffee?（コーヒーをいかがですか。）

3 many と much, a few と a little

Are there many parks in your city?
(あなたの市にはたくさんの公園がありますか。)
Don't drink too much water.
(たくさん水を飲みすぎてはいけません。)

many は数えられる名詞(複数形)について数が多いことを, much は数えられない名詞について量が多いことを表します。

After a few years, the girl became famous.
(2, 3年後, その少女は有名になりました。)
She has a little knowledge about space.
(彼女は宇宙について少し知識があります。)

a few は数えられる名詞に, a little は数えられない名詞に使い, どちらも「少しの」という意味を表します。

few と little

a のつかない few や little は「ほとんど〜ない」「少ししか〜ない」という否定的な意味になる。
a little knowledge
(少しの知識)
little knowledge
(ほとんど知識がない)

POINT

1. 形容詞には, **名詞を修飾する働き**と**主語を説明する働き**がある。
2. ふつう, **some は肯定文で**, **any は否定文・疑問文で**使われる。
3. many と much, a few と a little は, **名詞が数えられるかどうかで使い分ける**。

CHECK 070

解答 ➔ p.290

(　　)内から適切なものを選びましょう。

☐ (1) He doesn't have (some, any) friends.
☐ (2) Do you have (many, much) snow in your town?

自分が持っていないものについて any を使って表現してみましょう。

WORD LIST : a computer, sister, car, question

例 I don't have any questions.

UNIT 5

副詞

Can-Do 副詞を適切に使って，表現に生かせる。

基本例文

A: I often see Tetsu in this park.
B: He likes this place very much.

意味
A：私，この公園でよくテツを見かけるわ。
B：彼はこの場所をとても気に入っているからね。

1 副詞の働き

副詞　形容詞
Miku is very kind.　（ミクはとても親切です。）
形容詞を修飾

動詞＋目的語　副詞　副詞
Miku speaks English very well.
他の副詞を修飾　動詞（＋目的語）を修飾
（ミクはとても上手に英語を話します。）

副詞は，おもに動詞，形容詞，他の副詞を修飾する働きをします。形容詞や他の副詞を修飾するときはその前に置き，動詞（＋目的語）を修飾するときはそのあとに置きます。

2 時・場所を表す副詞

時や場所を表す副詞には次のようなものがあります。

時を表す副詞		場所を表す副詞	
yesterday	（昨日）	here	（ここに［で］）
today	（今日）	there	（あそこに［で］）
tomorrow	（明日）	home	（家に［へ］）
now	（今）	out	（外に［へ］）
then	（そのとき）	up	（上に［へ］）

注意

副詞の形

副詞と形容詞は，形が同じであったり似ていたりするものが多い。
①形容詞と副詞が同じ形
fast（形 速い，副 速く）
early（形 早い，副 早く）
②〈形容詞＋ly〉の副詞
kind（形 親切な）
kindly（副 親切に）
slow（形 ゆっくりとした）
slowly（副 ゆっくりと）
③形がまったくちがうもの
good（形 よい，上手な）
well（副 よく，上手に）

副詞を使って，いろいろな情報を文に加えることができるんだね！

I'm going to see Aya here tomorrow.
場所 時
(私は明日ここでアヤに会う予定です。)

場所を表す副詞と時を表す副詞を同時に使う場合は，ふつう場所を表す副詞を前に置きます。

3 頻度を表す副詞

always (いつも) / usually (たいてい) / often (しばしば)
sometimes (ときどき) / never (けっして〜ない)

I usually get up at six. (私はたいてい 6 時に起きます。)
Ryota is sometimes late for school.
(リョウタはときどき学校に遅刻します。)

頻度の副詞の位置は，一般動詞の前か，be 動詞・助動詞のあとです。

too の 2 つの意味

too は副詞で，２つの意味がある。
①「〜もまた」
I like cats.
— Me, **too.**
(私はネコが好きです。
—私**も**。)
②「〜すぎる」
This shirt is **too** small for me.
(このシャツは私には小さ**すぎ**ます。)

POINT

1. 副詞は，**動詞，形容詞，他の副詞を修飾**する。
2. 副詞が**形容詞や他の副詞を修飾するときはその前**に，**動詞（＋目的語）を修飾するときはそのあと**に置く。
3. **頻度を表す副詞**は，**一般動詞ならその前**，**be 動詞・助動詞ならあと**に置く。

CHECK 071

解答 ➔ p.290

(　　) 内から適切なものを選びましょう。

☐ (1) My mother (gets up always, always gets up) at five.
☐ (2) A : I like spring the best.　　B : Me, (too, either).

TRY! 表現力

自分がときどきすることを言ってみましょう。

WORD LIST：go to, play, clean, wash, help

例 I sometimes go to my grandparents' house.

この章の整理 CHAPTER 13

品詞の整理

UNIT 1 冠詞

I bought a lemon and an apple.
私は（1つの）レモンと（1つの）リンゴを買いました。

The apple was delicious.
そのリンゴはおいしかったです。

- a，an を不定冠詞，the を定冠詞と呼び，名詞の前に置く。
- 不特定のもの（単数形）には a[an]，特定のものには the をつける。

Yuki swims twice a week.
ユキは1週間に2回泳ぎます。

- a[an] は「1つの」という意味の他に，「～につき」という意味で使われることもある。

UNIT 2 名詞

He had a donut and a cup of tea.
彼は1個のドーナツと1杯の紅茶をいただきました。

- 名詞には数えられる名詞と数えられない名詞がある。

There are a lot of cats here.
ここにはたくさんのネコがいます。

- 数えられる名詞は，2つ以上のときは (e)s をつけて複数形にする。

Can I have a piece of bread?
パンを一切れもらえますか。

- 数えられない名詞は，それらを入れる器や形，単位で量を表す。

UNIT 3 代名詞

I want to know his name.
私は彼の名前が知りたいです。

- 名詞の代わりをする語を代名詞という。

This cap is small. I want a new one.
この帽子は小さいです。私は新しいものがほしいです。

- 代名詞 one は，すでに出た名詞と同じ種類のものを表す。

Everyone has something to say. だれにでも言いたいことがあります。

- -thing はものを，-one と -body は人を表す代名詞で，すべて単数扱いになる。

UNIT 4 形容詞

I like hot milk. 私はホットミルク［温かいミルク］が好きです。

The milk is hot. このミルクは温かいです。

- 形容詞には，名詞を修飾する働きと，主語を説明する働きがある。

I have some money. 私にはいくらかのお金があります。
I don't have any money. 私には少しもお金がありません。

- ふつう，some は肯定文で，any は否定文・疑問文で使われる。

You eat too many snacks. あなたはおやつを食べ過ぎです。
You drink too much coffee. あなたはコーヒーを飲み過ぎです。

- many と much，a few と a little は，数えられる名詞と数えられない名詞で使い分ける。

UNIT 5 副詞

I often see you in this park. 私はこの公園でよくあなたを見かけます。

- 副詞は，動詞，形容詞，他の副詞を修飾する。

I will stay here today. 私は今日はここにいます。

- 場所を表す副詞と時を表す副詞を同時に使う場合は，ふつう場所を表す副詞を前に置く。

I usually get up at six. 私はたいてい 6 時に起きます。

- 頻度を表す副詞は，一般動詞の前，be 動詞・助動詞のあとに置く。

定期テスト対策問題

解答 ➡ p.290

問 1 冠詞

次の文の ＿＿ に，必要なら適切な冠詞を入れ，不要な場合は×を入れなさい。

(1) My sister goes to ______ school every day.

(2) I have ______ friend in Sendai. His name is Takeshi.

(3) We wish for ______ love and ______ peace.

(4) ______ earth goes around ______ sun.

問 2 名詞の複数形

次の絵に合う英文になるように，＿＿ に適切な語をあとの【　】から選んで，必要があれば形をかえて書きなさい。ただし，同じ語を何回使ってもかまいません。

(1) (2) (3)

John

(1) There are a lot of ______ in the park. The ______ with an ice cream is John.

(2) You can see two ______ under the tree. A ______ is singing songs to them.

(3) Some ______ are in the pond. Three ______ are looking at them.

【 baby, cat, child, fish, man, woman 】

問 3 数えられない名詞

日本語に合うように，(　　) 内の語を必要があれば形をかえて並べかえなさい。

(1) 紙を１枚ください。 Give me (a / of / sheet / paper), please.

Give me ______________________________, please.

(2) 水を２杯いただけますか。 May I have (two / water / of / glass)?

May I have ______________________________?

問4 代名詞

次の文の（　　）内のうち適切なものを選び，〇で囲みなさい。

(1) I want to eat (something, anything), but I can't find (something, anything).

(2) (Each, All) of the boys has a racket.

(3) The people helped each (other, another).

(4) Mr. Sasaki has three maps. They are very old (one, ones).

問5 some / any / no

日本語に合うように，＿＿に適切な１語を入れなさい。

(1) 私は消しゴムをいくつか持っています。

I have ＿＿＿＿＿＿ erasers.

(2) あなたは消しゴムを持っていますか。

Do you have ＿＿＿＿＿＿ erasers?

(3) 消しゴムが１つもありません。

I don't have ＿＿＿＿＿＿ erasers.

(4) 消しゴムが１つもありません。

I have ＿＿＿＿＿＿ erasers.

問6 副詞の位置

次の文に（　　）内の語が入る場所を１つ選び，記号を〇で囲みなさい。

(1) That game ァ was ィ exciting ゥ .　(very)

(2) My father ァ went ィ fishing ゥ in ェ the morning.　(early)

(3) The ァ sun ィ rises in ゥ the ェ east.　(always)

問7 副詞

日本語に合うように，（　　）内の語句を並べかえなさい。

(1) あなたは昨日，どこへ行きましたか。

Where (you / did / yesterday / go)?

Where ＿＿＿＿＿＿＿＿＿＿＿＿＿＿＿＿＿＿＿＿ ?

(2) 私はその仕事をするには年が若すぎます。

(for / I / too / am / young) that work.

＿＿＿＿＿＿＿＿＿＿＿＿＿＿＿＿＿＿＿＿ that work.

(3) その少女はとても上手にバイオリンをひきます。

(well / the girl / plays / very / the violin).

＿＿＿＿＿＿＿＿＿＿＿＿＿＿＿＿＿＿＿＿ .

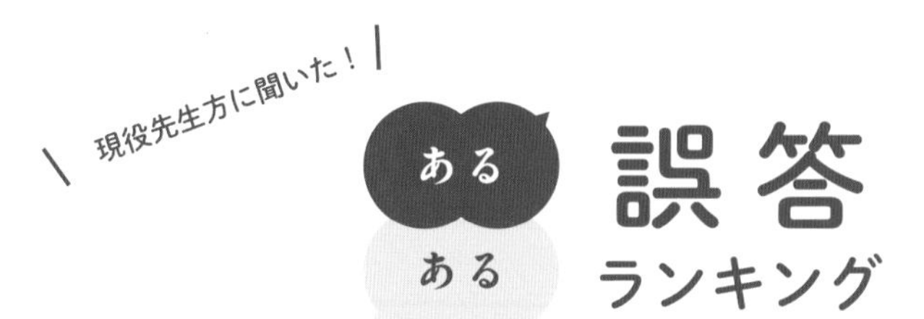
現役先生方に聞いた！
ある
ある
誤答
ランキング

中学校の先生方が，「あるある！」と思ってしまう，生徒たちのよくありがちな誤答例です。「自分は大丈夫？」としっかり確認して，まちがい防止に役立ててください。

第 **1** 位

問題　次の日本文を英語に直しなさい。
私は犬を飼っています。

I have dog. ×

あるある！

正しい英文： **I have a dog [dogs].**

数えられる名詞は，冠詞（a [an]，the）をつけたり，複数形にしたりします。この場合は，単数形にするなら a dog，複数形にするなら dogs です。

第 **2** 位

問題　次の日本文を英語に直しなさい。
私は本が好きです。

I like book. ×

あるある！

正しい英文： **I like books.**

数えられるものについて「～が好き」というときは，「～」にくる語は複数形にしましょう。

第 **3** 位

問題　次の日本文を英語に直しなさい。
私は彼が好きです。

I like his. ×

あるある！

正しい英文： **I like him.**

I, you, he, she, it, we, they は文中の働きによって形がかわります。問題文の「彼」は動詞 like の目的語になっているため，目的格 him を使います。

KUWASHII ENGLISH

中2英語

14章

現在完了

基本例文
の音声はこちらから

014

それぞれの英語表現が，実際の場面ではどのように使われるのかチェックしておこう！

UNIT 1

現在完了の意味と形

Can-Do 現在完了の考え方を理解し，表現につなげることができる。

基本例文

A: When did you come to Japan?
B: Three years ago. I have lived here since then.

意味
A：あなたはいつ日本に来たの？
B：3年前だよ。それ以来，ずっとここに住んでいるんだ。

1 現在完了とは

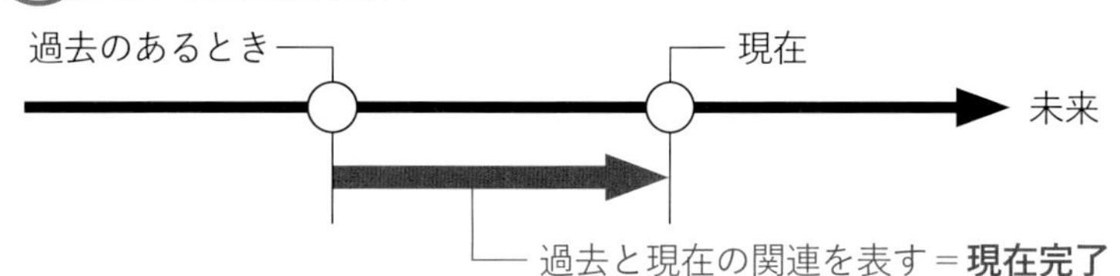

現在完了は，日本語にはない時制表現で，過去の動作や状態が現在に関連していることを表します。また，過去よりも現在に視点を置いた表現です。

2 現在完了が表す意味

現在完了は，次の3つの意味を表すことができます。

①**完了・結果**：「〜してしまった」「〜したところだ」(➡p.234)
過去のあるときに始まった動作が，現在ではすでに完了していることを表します。

②**経験**：「〜したことがある」(➡p.238)
過去から現在までの経験を表します。

③**継続**：「ずっと〜である［している］」(➡p.242)
過去のあるときの状態や動作が現在も続いていることを表します。

過去形とのちがい

過去形が過去のある時点での動作や状態のみを表すのに対し，現在完了は過去の動作や状態が現在とどう関連しているかを表す。
「私は傘をなくしました。」を表す次の2つの文を見てみよう。
① I **lost** my umbrella.
② I **have lost** my umbrella.
①は過去形の文で，過去になくしたことのみを表しており，現在どうなっているかは不明。②は現在完了の文で，過去になくして現在もなくなったままであることを表している。

現在完了は過去形とはまったくちがうんだね！

3 現在完了の形

現在完了は，〈**主語＋have [has]＋動詞の過去分詞～.**〉の形で表します。主語が３人称単数のときはhaveではなくhasを使います。

主語	現在完了	
I，you，複数	have	過去分詞
３人称単数	has	

We have just cleaned this room.
（私たちはちょうどこの部屋をそうじしたところです。）
Ms. Brown has lived in this town for over 10 years.
（ブラウン先生は10年以上ずっとこの町に住んでいます。）

現在完了で使わない語句

現在完了は現在に視点を置いているので，～ago（～前），last～（昨～），yesterday（昨日）など過去を表す語句を使うことはできない。ただし，since（～から）を使ってsince yesterday（昨日から）のような形なら使うことができる（➡ p.243）。

現在完了は，過去を表す語句といっしょには使えないよ。

POINT

1. 現在完了とは**過去と現在の関連**を表す表現である。
2. 現在完了は，完了・結果，経験，継続の**3つの意味**を表すことができる。
3. 現在完了は，〈**主語＋have [has]＋動詞の過去分詞～.**〉の形で表す。

CHECK 072

解答 ➡ p.291

（　）内から適切なものを選びましょう。

☐ (1) I (have know, was known, have known) Mr. Baker for a long time.
☐ (2) Ami (has played, has playing, have played) soccer many times.

TRY! 表現力

justを使って，あなたがちょうどし終えたことを現在完了の文で表現してみましょう。

WORD LIST：have dinner, wash the dishes, do my homework, read this book

例　I have just washed the dishes.

UNIT 2

『完了・結果』を表す現在完了

Can-Do 現在完了を使い，動作や状態の完了・結果について説明できる。

基本例文

A: I'm sorry I'm late.
B: Don't worry. I have just arrived here, too.

意味
A：遅れてごめんね。
B：気にしないで。ぼくもちょうどここに着いたところだよ。

1 動作の『完了』を表す現在完了

現在
過去 → 未来
動作が完了
完了している状態

現在完了の形〈have [has]＋過去分詞〉を使って，「～してしまった」「～したところだ」と過去に始まった動作が現在までに『完了』していることを表すことができます。

Meg has already cleaned her room.
（メグはすでに自分の部屋をそうじしてしまいました。）

2 『完了』を表す現在完了でよく使われる語句

語句	意味	位置
already	「すでに，もう」	have [has] と過去分詞の間
just	「ちょうど」	have [has] と過去分詞の間
yet	「(否定文で) まだ」 「(疑問文で) もう」	文末

already の位置

already（すでに，もう）はふつう have [has] と過去分詞の間に置かれるが，文頭や文末に置かれて強調したり驚きを表したりすることもある。

just

just は「ちょうど」の意味で現在完了の文で使われる。
Ted and Lucy have just come here.
（テッドとルーシーはちょうどここに来たところです。）

3 動作の『結果』を表す現在完了

現在完了の形〈have[has]＋過去分詞〉を使った文は，過去に始まった動作が完了したことによる『結果』に重点を置いたニュアンスになることもあります。

The Internet has made our lives rich.
（インターネットは私たちの生活を豊かにしました。）
➡その結果，現在も生活は豊かである。
Maki has gone to Australia.
（マキはオーストラリアへ行ってしまいました。）
➡その結果，オーストラリアへ行ったままである。
I have lost my key.
（私はかぎをなくしてしまいました。）
➡その結果，今かぎがない。

ある動作が完了した結果，どうなったか……ということを表しているんだね。

POINT

1. 現在完了は，過去に始まった**動作が『完了』している**ことを表すことができる。
2. 完了を表す現在完了では，**already**，**just**，**yet** がよく使われる。
3. 動作の完了だけでなく，**その結果が今も残っていることを表す**場合もある。

CHECK 073

解答 ➡ p.291

(　　) 内から適切なものを選びましょう。

□ (1) My brother (has just done, have just done, have just do) his homework.

□ (2) Dick (have already open, have already opened, has already opened) the box.

TRY! 表現力

alreadyを使って，あなたがすでにし終えていることを現在完了の文で表現してみましょう。

WORD LIST：do my homework, clean my room, have dinner, take a bath

例 I have already had dinner.

UNIT 3

『完了・結果』を表す現在完了の否定文 / 疑問文

Can-Do 現在完了を使い，動作や状態の完了・結果についてやりとりできる。

基本例文

A: Have you had dinner yet?
B: No, I haven't. I've just come home.

意味
A：夕飯はもう食べた？
B：いいえ，食べてないわ。ちょうど家に帰ってきたところなのよ。

1 『完了・結果』を表す現在完了の否定文

肯定文 （私はすでに夕食を作ってしまいました。）

I	have	／	already	cooked	dinner.	

否定文 （私はまだ夕食を作っていません。）

I	have	not	／	cooked	dinner	yet.

現在完了の否定文は，have[has] の後ろに not を置いて作ります。『完了・結果』を表す現在完了の否定文は，「まだ～していない」という意味を表します。また，文末に **yet**（まだ）がよく使われます。

2 『完了・結果』を表す現在完了の疑問文

肯定文 （エミはちょうどここに来たところです。）

／	Emi	has	just	come	here.	／

疑問文 （エミはもうここに来ましたか。）

Has	Emi	／	／	come	here	yet?

注意

短縮形いろいろ

【have[has]＋not の短縮形】
・have not → **haven't**
・has not → **hasn't**
【主語＋have の短縮形】
・I have → **I've**
・we have → **we've**
・you have → **you've**
・they have → **they've**
【主語＋has の短縮形】
・he has → **he's**
・she has → **she's**
・it has → **it's**

現在完了の疑問文は，have[has] を主語の前に出して作ります。『完了・結果』を表す現在完了の疑問文は，「もう～しましたか」という意味を表します。また，文末に **yet**（**もう**）がよく使われます。

Have you **cleaned** your room **yet**?
（あなたはもう自分の部屋をそうじしましたか。）
— **Yes, I have.** （はい，しました。）
No, I haven't. （いいえ，していません。）。

Has your father **left** home **yet**?
（あなたのお父さんはもう家を出ましたか。）
— **Yes, he has.** （はい，出ました。）
No, he hasn't. （いいえ，出ていません。）

答えるときも have[has] を使い，Yes/No で答えます。

もっと！

No の答え方

『完了・結果』を表す現在完了の疑問文に対して「いいえ」と答えるときは，**No, not yet.**「いいえ，まだです。」という答え方もある。

現在完了の疑問文の答え方，しっかり覚えておこう。

14章 現在完了

POINT

1. 現在完了の**否定文**は，**have [has] の後ろに not** を置く。
2. 現在完了の**疑問文**は，**have [has] を主語の前**に出す。
3. **『完了・結果』**を表す現在完了では，**否定文・疑問文で yet** がよく使われる。

CHECK 074

解答 ➔ p.291

（　）内から適切なものを選びましょう。

- □ (1) The students (not have finished, have not finished, have finished not) their homework yet.
- □ (2) (Have you opened, Do you have opened, Are you have opened) the letter yet?

TRY! 表現力

家族や友だちに，「～をもうしましたか。」と現在完了の文でたずねてみましょう。

WORD LIST：do your homework, have dinner, wash the dishes, take a bath

例 Have you done your homework yet?

UNIT 4

『経験』を表す現在完了

Can-Do 現在完了を使い，これまでの経験について説明することができる。

基本例文

A: I want to go to Europe someday.
B: Oh, I have been to Italy once.

意味
A：私，いつかヨーロッパへ行ってみたいわ。
B：ああ，ぼくは一度イタリアへ行ったことがあるよ。

1 『経験』を表す現在完了

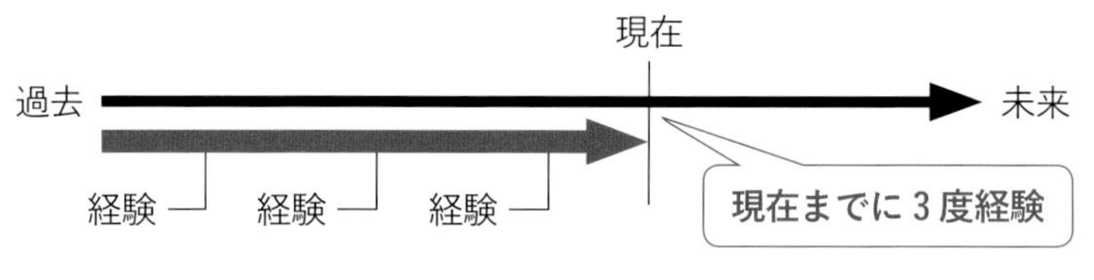

現在完了の形〈have[has]＋過去分詞〉を使って，「～したことがある」という現在までの『経験』を表すことができます。

I have visited Hokkaido twice.
（私は2回，北海道を訪れたことがあります。）
My mother has met that soccer player before.
（私の母は以前にあのサッカー選手に会ったことがあります。）

2 『経験』を表す現在完了でよく使われる語句

once	「1回」	twice	「2回」
～ times	「～回」	many times	「何度も」
before	「以前に」	often	「よく」
ever	「（疑問文で）今までに」		
never	「（否定文を作って）一度も～ない」		

現在完了での often

often を現在完了で用いる場合，現在から今後にかけて続く習慣ではなく，「過去によく行っていた」という経験のニュアンスが強くなる。

3 have been to ～

Saki has been to the UK three times.
（サキは3回英国へ行ったことがあります。）

「～へ行ったことがある」と言うときは，be動詞の過去分詞であるbeenを使って，〈have［has］been to ～〉という形を使います。

比較
Saki has gone to the UK.
（サキは英国へ行ってしまいました。）

goの過去分詞goneを使って〈have［has］gone to ～〉とすると，「～へ行ってしまった（だから今ここにいない）」という『完了・結果』を表す文になります。

have gone to

アメリカ英語では，「～へ行ったことがある」と言うとき，have been to～の代わりにhave gone to～が使われることもある。特に，主語がIのとき（I have gone to～）は「～へ行ったことがある」という意味で使われる。

14章 現在完了

POINT

1. 現在完了の形で，「**～したことがある**」という『**経験**』を表すことができる。
2. 経験を表す現在完了では，**頻度や回数を表す語句**が使われることが多い。
3. **have been to ～** で，「**～へ行ったことがある**」という意味を表す。

CHECK 075

解答 ➜ p.291

（　　）内から適切なものを選びましょう。

□ (1) Mana (has played, has been, have played) rugby before.
□ (2) We (have been, have been to, have gone) Nagasaki twice.

TRY! 表現力

自分の経験したことについて，現在完了の文で表現してみましょう。

WORD LIST：play the guitar, cook curry, visit Okinawa, take an airplane

例　I have taken an airplane once.

UNIT 5

『経験』を表す現在完了の否定文 / 疑問文

Can-Do 現在完了を使い，これまでの経験についてのやりとりができる。

基本例文

A: Have you ever been to Tokyo Skytree?
B: No. I have never been there.

意味
A：きみは今までに東京スカイツリーへ行ったことがある？
B：いいえ。一度も行ったことがないわ。

1 『経験』を表す現在完了の否定文

肯定文 （私は以前にその女性を見たことがあります。）

I	have	／	seen	the woman	before.

否定文 （私はその女性を一度も見たことがありません。）

I	have	never	seen	the woman.	／

現在完了の否定文は，have[has] の後ろに not を置いて作りますが，「一度も～したことがありません。」という『経験』を表す現在完了の否定文では，not の代わりに never がよく使われます。

2 『経験』を表す現在完了の疑問文

肯定文 （私は一度伊勢（いせ）を訪れたことがあります。）

／	I	have	／	visited	Ise	once.

疑問文 （あなたは今までに伊勢を訪れたことがありますか。）

Have	you	／	ever	visited	Ise?	／

注意

not でもよいが…

否定文は not を使ってもまちがいではないが，『完了』を表す現在完了の否定文と見分けがつかない。never を使えば『経験』を表す否定文であることがわかりやすい。

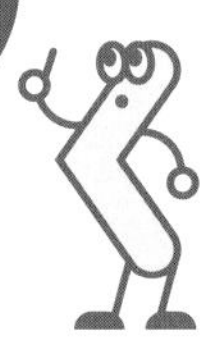
never を
使ったほうが
意味が伝わり
やすいんだね。

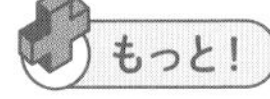
もっと！

ever

疑問文に入る ever は「今までに」と疑問文を強める働きをしている。

— **Yes, I have.**　(はい，あります。)
No, I haven't.　(いいえ，ありません。)

「～したことがありますか。」という『経験』を表す現在完了の疑問文も，have[has] を主語の前に出して作ります。このとき，過去分詞の前に **ever** (今までに) が置かれることがよくあります。答えるときも have[has] を使い，Yes/No で答えます。

No の答え方

『経験』を表す現在完了の疑問文に対して「いいえ」と答えるときは，**No, I never have.**「いいえ，一度もありません。」という答え方もある。

3 回数をたずねる疑問文

How many times **have you seen the movie?**
(あなたは何回その映画を見たことがありますか。)
— **I have seen it** twice.
(私は 2 回それを見たことがあります。)

「何回～したことがありますか。」と回数をたずねるときは，現在完了の疑問文の文頭に **How many times** を置きます。

回数の答え方

回数をたずねられたときは，回数のみを答えることもある。
How many times have you climbed Mt. Fuji?
— Once. (1 回です。)
Three times.
(3 回です。)
Never.
(一度もありません。)

POINT

1. 『**経験**』を表す現在完了の**否定文**では，**not の代わりに never** がよく使われる。
2. 『**経験**』を表す現在完了の**疑問文**では，**ever (今までに)** がよく使われる。
3. **回数**をたずねる疑問文は，**文頭に How many times** を置く。

CHECK 076

解答 ➜ p.291

(　　) 内を正しい順に並べかえましょう。
□ (1) (you / heard / ever / have) that song?
□ (2) (played / they / never / have) table tennis.

自分が一度も経験したことがないことを現在完了の文で表現してみましょう。

WORD LIST : play the guitar, eat an avocado, visit Hokkaido, take an airplane

例　I have never played the guitar.

UNIT 6

『継続』を表す現在完了

Can-Do 現在完了を使い，これまで継続していることについて説明できる。

基本例文

A: I have been busy all week.
B: That's too bad. You look so tired.

意味
A：私は今週ずっと忙しいのよ。
B：それはお気の毒に。とっても疲れているように見えるよ。

1 『継続』を表す現在完了

過去 — 現在 — 未来
習慣的動作や状態の開始
現在まで継続している

現在完了の形〈have[has]＋過去分詞〉を使って，「ずっと～している［～な状態である］」と動作や状態が現在まで『継続』していることを表すことができます。

My brother has been sick since yesterday.
（私の兄［弟］は昨日からずっと具合が悪いです。）

動作を表す動詞の場合

「ずっと～している」という『継続』を表す現在完了〈have[has]＋過去分詞〉に動作を表す動詞を使うのは，日常的・習慣的に比較的長期にわたって継続する場合。
比較的短期間で絶え間なく続く動作の継続は，現在完了進行形（➡p.246）を使って表すのがふつう。
I have used this bike for five years.
（私は5年間ずっとこの自転車を使っています。）

2 『継続』を表す現在完了でよく使われる語句

語句	意味	例
for ～	「～の間」	for three years
since ～	「～以来［から］」	since last Sunday
all ～	「～中ずっと」	all this morning
these ～	「ここ～」	these two weeks

継続していた期間を表す語句，覚えておこう。

3 for と since の使い方

I have known **Ryo for ten years.**
(**私はリョウのことを10年間**ずっと**知って**います。)

forのあとには期間の長さを表す語句が続き,「～の間」と動作や状態が継続している期間を表します。

My father has been **busy since last week.**
(**私の父は先週から**ずっと**忙しい**です。)

sinceのあとには時を表す語句が続き,「～以来[から]」と動作や状態が始まった時(起点)を表します。

I have lived **in this town since I was born.**
(**私は生まれたときから**ずっと**この町に住んで**います。)

sinceのあとには,語句ではなく過去の文が続くこともあります。

注意

「長い間」

forのあとに具体的な期間の長さではなくa long timeを続けてfor a long timeとすると「長い間」という意味になり,継続を表す現在完了でよく使われる。

それぞれの使い方,しっかりおさえておいてね。

POINT

1. 現在完了の形で,**「ずっと～している[である]」**という動作や状態の**『継続』**を表すことができる。
2. 継続を表す現在完了では,**for～**や**since～**などがよく使われる。

CHECK 077

解答 ➜ p.291

(　　)内から適切なものを選びましょう。

☐ (1) Kazu has lived in Brazil (for, since) 2016.
☐ (2) We have been good friends (for, since) eight years.

TRY! 表現力

現在までずっと続いている自分の動作や状態などを,現在完了の文で表現してみましょう。

WORD LIST : be busy, want a new smartphone, have a cat, live in ～

例 I have wanted a new smartphone for a year.

UNIT 7

『継続』を表す現在完了の否定文 / 疑問文

Can-Do 現在完了を使い，これまで継続していることについてやりとりできる。

基本例文

A: How long have you used that smartphone?
B: For four years. I want a new one.

意味
A：そのスマートフォン，どのくらい使っているの？
B：４年だよ。新しいのがほしいんだ。

1 『継続』を表す現在完了の否定文

肯定文 （1週間ずっと晴れています。）

It	has		been	sunny	for a week.

否定文 （1週間ずっと晴れていません。）

It	has	not	been	sunny	for a week.

「ずっと～していません［ではありません］。」という『継続』を表す現在完了の否定文も，have[has] の後ろに not を置いて作ります。

日常のあいさつにも，現在完了が使われることがあるんだね。

2 『継続』を表す現在完了の疑問文

肯定文 （あなたは長い間ずっとここに住んでいますね。）

	You	have	lived	here	for a long time.

疑問文 （あなたは長い間ずっとここに住んでいるのですか。）

Have	you		lived	here	for a long time?

もっと！

あいさつの表現

あいさつでは，How are you? と同様に，How have you been? もよく使われる。「(ここのところずっと) どうしてた？ 元気にしていた？」というニュアンスが伝わる。

—Yes, I have.（はい，長い間住んでいます。）
No, I haven't.（いいえ，長い間住んでいません。）

「ずっと〜していますか［ですか］。」という『継続』を表す現在完了の疑問文も，have[has] を主語の前に出して作ります。答えるときも have[has] を使い，Yes / No で答えます。

3 期間をたずねる疑問文

How long have you known him?
（あなたはどのくらいの間彼を知っているのですか。）
—I have known him since 2015.
（私は2015年からずっと彼を知っています。）

「どのくらいの間〜していますか［ですか］。」と期間をたずねるときは，現在完了の疑問文の文頭に How long を置きます。

期間の答え方

期間をたずねられて答えるとき，期間のみを答えることもある。
How long have you known him?
—Since 2015.
（2015年からです。）
For six years.
（6年間です。）

POINT

1. 『継続』を表す現在完了の**否定文**も，**have [has] の後ろに not** を置く。
2. 『継続』を表す現在完了の**疑問文**も，**have [has] を主語の前**に出す。
3. **期間**をたずねる疑問文は，**文頭に How long** を置く。

CHECK 078

解答 ➜ p.291

（　）内を正しい順に並べかえましょう。

□ (1) My sister (used / not / for / this dictionary / has) a long time.
□ (2) (you / have / long / lived / how) here?

現在完了を使って，現在まで続いていることの期間をたずねてみましょう。

WORD LIST：live in 〜, know 〜, have a dog

例　How long have you lived in Tokyo?

UNIT 8

『動作の継続』を表す現在完了進行形

Can-Do 現在完了進行形を使い，これまで続いている動作について説明できる。

基本例文

A: Your brother has been studying for five hours.
B: Well, he has a big test tomorrow.

意味
A：あなたの弟，5時間ずっと勉強しているわよ。
B：まあ，彼は明日大事なテストがあるからね。

1 現在完了進行形の意味と形

「(過去のあるときから現在まで) ずっと～している」と『動作』が絶え間なく『継続』していることを表すときは，**現在完了進行形**を使います。現在完了進行形には『完了』や『経験』の意味はありません。

現在完了進行形は，〈have [has] been＋動詞のing形〉の形です。

【現在完了】

have [has]	＋	過去分詞

【現在進行形】

be 動詞	＋	動詞の ing 形

【現在完了進行形】

have [has]	＋	been	＋	動詞の ing 形

They have been playing soccer since this morning.
(彼らは今朝からずっとサッカーをしています。)
Maki has been talking with her friend for three hours.
(マキは3時間ずっと友だちとおしゃべりしています。)

状態は現在完了で

know (知っている)，like (好きである)，want (ほしがっている) など，動作ではなく状態の継続を表すときは，現在完了進行形ではなく，継続を表す現在完了〈have [has]＋過去分詞〉(➡p.242) を使う。
I have known you since you were a baby.
(私はあなたのことを，あなたが赤ちゃんだった頃から知っているんです。)

否定文と疑問文

現在完了進行形の否定文と疑問文の作り方は，現在完了の文と同じ。否定文はhave [has] の後ろに not を置き，疑問文は have [has] を主語の前に出す。

2 継続を表す現在完了と現在完了進行形

I have studied English for three years.
(私は3年間ずっと英語を勉強しています。)

ある動作の継続が日常的・習慣的に比較的長期にわたっている場合，つまり習慣的に行っている『状態』の継続を表す場合は，継続を表す現在完了〈have[has]＋過去分詞〉を使います。

I have been studying English for three hours.
(私は3時間ずっと英語を勉強しています。)

それに対して，ある動作の継続が比較的短期間で絶え間なく続いているという感じを出したい場合は，現在完了進行形〈have[has] been＋動詞のing形〉を使います。

2つのちがい，わかったかな？

POINT

❶「ずっと～している」という絶え間なく続く**『動作』の『継続』**を表すときは，**現在完了進行形**を使う。

❷ 現在完了進行形は，〈**have[has]＋been＋動詞のing形**〉という形で表す。

CHECK 079

解答 ➡ p.291

(　　)内から適切なものを選びましょう。

☐ (1) They have (playing, been played, been playing) video games for two hours.

☐ (2) It (has raining, has been raining, has been rained) for three days.

TRY! 表現力

自分やまわりの人が現在まで続けている動作を，現在完了進行形で表現してみましょう。

WORD LIST：clean the house, cook dinner, play the guitar, use

例 My brother has been playing the guitar for three hours.

この章の整理 CHAPTER 14

現在完了

UNIT 1 現在完了の意味と形

He has just finished his homework. 彼はちょうど宿題を終えたところです。

- 現在完了は過去と現在の関連を表す表現で，「完了・結果」「経験」「継続」の意味を表す。
- 現在完了は〈主語＋have [has]＋動詞の過去分詞〜.〉の形で表す。

UNIT 2 『完了・結果』を表す現在完了

I have already read the book. 私はもうその本を読みました。

- 「〜したところだ，〜してしまった」の意味で，過去に始まった動作が「完了」していることを表す。
- 完了を表す現在完了では，already，just，yet がよく使われる。

She has gone to Australia. 彼女はオーストラリアへ行ってしまいました。

- 動作の完了だけでなく，その「結果」が今も残っていることを表す場合もある。

UNIT 3 『完了・結果』を表す現在完了の否定文 / 疑問文

She hasn't sent him a letter yet. 彼女はまだ彼に手紙を送っていません。

- 現在完了の否定文は，have [has] の後ろに not を置く。

Have you had dinner yet? あなたはもう夕飯は食べましたか。
— No, I haven't. —いいえ，まだです。

- 現在完了の疑問文は，have [has] を主語の前に出す。
- 「完了・結果」を表す現在完了では，否定文・疑問文で yet（まだ，もう）がよく使われる。

UNIT 4 『経験』を表す現在完了

I have been to Italy once. 私は，一度イタリアへ行ったことがあります。

- 「〜したことがある」の意味で，現在までに「経験」したことを表す。
- 経験を表す現在完了では，頻度や回数を表す語句が使われることが多い。

この章で学習したことを，もう一度チェックしてみよう！

UNIT 5 『経験』を表す現在完了の否定文 / 疑問文

I have never been there. 私は一度もそこに行ったことがありません。

- 「経験」を表す現在完了の否定文では，not の代わりに never（一度も〜ない）がよく使われる。

Have you ever seen a rainbow? 今までに虹を見たことがありますか。

- 「経験」を表す現在完了の疑問文では，ever（今までに）がよく使われる。

UNIT 6 『継続』を表す現在完了

I have been busy since yesterday. 私は昨日からずっと忙しいです。

- 「ずっと〜している［である］」の意味で，動作や状態が「継続」してきたことを表す。
- 継続を表す現在完了では，for（〜の間）や since（〜以来［から］）がよく使われる。

UNIT 7 『継続』を表す現在完了の否定文 / 疑問文

I haven't played the piano for a long time. 私は長い間ピアノをひいていません。

- 「継続」を表す現在完了の否定文も，have［has］の後ろに not を置いて作る。
- 「継続」を表す現在完了の疑問文も，have［has］を主語の前に出して作る。

How long have you known him? あなたはどのくらいの間，彼を知っていますか。

- 期間をたずねる疑問文は，文頭に How long を置く。

UNIT 8 『動作の継続』を表す現在完了進行形

He has been studying for two hours. 彼は 2 時間ずっと勉強しています。

- 現在完了進行形は，〈have［has］been＋動詞の ing 形〉で表す。
- 「ずっと〜している」と，絶え間なく動作が「継続」していることを表す。

定期テスト対策問題

解答 ➜ p.291

問 1 現在完了の形

次の文の（　　）内のうち適切なものを選び，〇で囲みなさい。

(1) I (have be, have been, am had) sick for three days.

(2) Ellen (have studies, have studied, has studied) Chinese before.

問 2 『完了・結果』を表す現在完了

日本語に合うように，____に適切な１語を入れなさい。

(1) 私はすでに自分の部屋をそうじしてしまっています。

I have ________ ________ my room.

(2) 私の父はちょうど夕食を作ったところです。

My father ________ ________ cooked dinner.

問 3 『経験』を表す現在完了

日本語に合うように，____に適切な１語を入れなさい。

(1) 私は一度その歌を聞いたことがあります。

I have ________ the song ________ .

(2) 私たちは３回その男性を見たことがあります。

We have ________ the man three ________ .

(3) 私は以前に北海道へ行ったことがあります。

I ________ ________ to Hokkaido before.

問 4 『継続』を表す現在完了

日本語に合うように，____に適切な１語を入れなさい。

(1) 私の母は昨日からずっと忙しいです。

My mother has ________ busy ________ yesterday.

(2) 私たちは10年間ずっとおたがいを知っています。

We have ________ each other ________ ten years.

(3) マコは生まれてからずっとそこに住んでいます。

Mako ________ ________ there ________ she was born.

問 5 現在完了進行形

日本語に合うように，＿＿に適切な1語を入れなさい。

(1) 私の妹は今朝からずっとテレビを見ています。

My sister has ＿＿＿＿ ＿＿＿＿ TV ＿＿＿＿ this morning.

(2) 彼らは3時間ずっとテニスをしています。

They have ＿＿＿＿ ＿＿＿＿ tennis ＿＿＿＿ three hours.

問 6 現在完了の否定文 / 疑問文

日本語に合うように，(　　) 内の語句を並べかえなさい。

(1) 私は先週からずっと忙しくありません。

I (busy / have / since / been / not) last week.

I ＿＿＿＿＿＿＿＿＿＿＿＿＿＿＿＿ last week.

(2) 彼らはまだここに到着していません。

(here / arrived / haven't / yet / they).

＿＿＿＿＿＿＿＿＿＿＿＿＿＿＿＿＿＿.

(3) 私は一度も富士山に登ったことがありません。

(Mt. Fuji / climbed / I / never / have).

＿＿＿＿＿＿＿＿＿＿＿＿＿＿＿＿＿＿.

(4) 彼は長い間ずっと新しい自転車をほしがっているのですか。

(for / a new bike / he / wanted / has) a long time?

＿＿＿＿＿＿＿＿＿＿＿＿＿＿＿＿ a long time?

(5) ユイはもう宿題をしてしまいましたか。

(Yui / her homework / yet / done / has)?

＿＿＿＿＿＿＿＿＿＿＿＿＿＿＿＿＿＿?

(6) あなたは今までにこの本を読んだことがありますか。

(read / ever / this book / you / have)?

＿＿＿＿＿＿＿＿＿＿＿＿＿＿＿＿＿＿?

(7) リサは何回大阪を訪れたことがありますか。

(Lisa / times / visited / how / has / many) Osaka?

＿＿＿＿＿＿＿＿＿＿＿＿＿＿＿＿＿ Osaka?

(8) 彼らはどのくらい日本に住んでいますか。

(long / lived / they / how / have) in Japan?

＿＿＿＿＿＿＿＿＿＿＿＿＿＿＿＿ in Japan?

現役先生方に聞いた！
あるある
誤答
ランキング

中学校の先生方が，「あるある！」と思ってしまう，生徒たちのよくありがちな誤答例です。「自分は大丈夫？」としっかり確認して，まちがい防止に役立ててください。

第 1 位

問題　次の日本文を英語に直しなさい。
彼女は昨日，日本に着いたばかりだ。

✕ She has just arrived in Japan yesterday.

あるある！

正しい英文：　**She just arrived in Japan yesterday.**

現在完了は，過去の決まった時点や期間を表す語といっしょに使うことはできません。yesterday を使うなら，ふつうの過去形の文にしましょう。

第 2 位

問題　次の日本文を英語に直しなさい。
トモは，2回フランスに行ったことがある。

✕ Tomo has gone to France twice.

あるある！

正しい英文：　**Tomo has been to France twice.**

「行ったことがある」は have[has] been to で表します。gone だと「行ってしまって今はいない」というニュアンスになります。

第 3 位

問題　次の日本文を英語に直しなさい。
私は先週からずっと忙しい。

✕ I have busy since last week.

あるある！

正しい英文：　**I have been busy since last week.**

I'm busy. I'm tired. など，形容詞で気持ちや状態を表す文を現在完了形で表す場合，動詞の部分は，be 動詞の過去分詞 been を用います。

15章

会話表現

英語音声
はこちらから

015

それぞれの英語表現が，実際の場面ではどのように使われるのかチェックしておこう！

UNIT 1

体調をたずねる

音声を聞いて，発音もチェックしよう♪

016

Can-Do 健康状態など，相手の様子をたずねたり，気づかったりするやりとりができる。

SCENE

1 相手の様子をうかがう | 学校に来ていたケンの様子が少し変だった。

❶ Ken, you look pale.
❷ What's the matter?

I feel chilly.
I think I have a cold.

ミカ：ケン，顔色がよくないね。どうしたの。
ケン：寒気がするんだ。風邪(かぜ)をひいた気がする。

❶ You look pale.

「顔色がよくないですね。」この場合の look は「～に見える」「～のようだ」という意味。

❷ What's the matter?

「どうしたのですか。」相手の様子が変だと感じたときなどに使います。matter は「困ったこと・問題」の意味。友だち同士のくだけた表現では **What's wrong?**「何が悪いの？」などと言うこともあります。

SCENE

2 同情を表す | 病院に行ったほうがよい，とアドバイスした。

❸ That's too bad.
You should see a doctor and take a rest.

I'll do that.

ミカ：それはお気の毒に。お医者さんに診てもらって，休んだほうがいいよ。
ケン：そうするよ。

❸ That's too bad.

「お気の毒に。」という同情を表す言い方。

SCENE

3 相手を気づかう 1 ｜ 早退を勧めた。

Go home now. I'll talk to Ms. Maeda.
❹ **Take care of yourself.**

ミカ：もう家へ帰りなよ。前田先生には私が言っておく。お大事にね。

❹ Take care of yourself.

「お大事にね。」
相手が体調不良ではなくても，別れ際のあいさつとして言うことがあります。

SCENE

4 相手を気づかう 2 ｜ 風邪をひいたときは，あたたかくして休むのがいちばん。

I hope you get well soon.
Keep warm. Have some soup.

Thank you.

ミカ：早くよくなるといいね。あったかくして。スープ飲んでね。
ケン：ありがとう。

もっと！

get well
「(病気などが) よくなる」
keep warm
「あたたかくしておく」
have some soup
「スープを飲む」

体調不良などを伝えるときの表現

I have a fever.「熱があります。」	I have a headache.「頭痛がします。」
I have a stomachache.「お腹が痛いです。」	I feel a pain in my foot.「足が痛いです。」
I feel sick.「気持ちが悪いです(吐きそうです)。」	I'm not feeling well.「気分がよくありません。」
I feel dizzy.「めまいがします。」	I have a sore throat.「のどが痛いです。」
I hurt my leg.「脚をケガしました。」	I broke my arm.「腕を骨折しました。」

017

音声を聞いて，発音もチェックしよう♪

UNIT 2

ほめる・感想を伝える

Can-Do 相手をほめたり，相手に対する自分の感想を伝えたりすることができる。

SCENE 1 相手をほめる 1 ｜ 英検３級に合格して，おばあちゃんにほめられた。

I hear you have passed a hard test.
❶ You're smart!
You flatter me.

おばあちゃん：難しい試験に合格したんだってねえ。あんたは頭がいいねえ！
ミカ：照れるなあ。

❶ You're smart!

「あなたは頭がいい！」と相手をほめる表現です。

You're kind.
「親切ね。」

You are a good singer.
「あなたは歌が上手ね。」

もっと！

You flatter me.

「お口が上手ですね（あなたは私をおだてています）。」
ほめられすぎて恥ずかしいときなどに言うセリフ。

SCENE 2 相手をほめる 2 ｜ ジェームズが新しいＴシャツに気づいてほめてくれた。

❷ What a nice T-shirt!
It looks good on you.
Thanks.

ジェームズ：なんてすてきなＴシャツなんだ！　すごく似合ってるよ。
ミカ：ありがとう。

❷ What a [an] 〜！

「なんて〜なの！」と驚いたときに使われます。〈What＋(a [an])＋形容詞＋名詞〉に続くはずの〈主語＋動詞〉は，この例のように省略可能です。

How charming your dress is!
「あなたの服はなんてすてきなの！」のような言い方もあります。

SCENE

3 感想を伝える ｜ ジェームズは料理上手だった…！

It smells good. It tastes good.
❸ **I like it.** You are a good cook.
I'm glad you like it.

ミカ：いいにおい。味もおいしい。気に入ったわ。あなたは料理が上手ね。
ジェームズ：気に入ってくれてうれしいよ。

もっと！

It smells ～.

「～のにおいがします。」

It tastes ～.

「～の味がします。」

❸ **I like ～.**

「私は～が気に入りました。」何かをほめるときによく使われます。

I like your shirt!
「いいシャツですね！」

SCENE

4 期待を伝える ｜ …キャンプの料理係は，ジェームズで決まり。

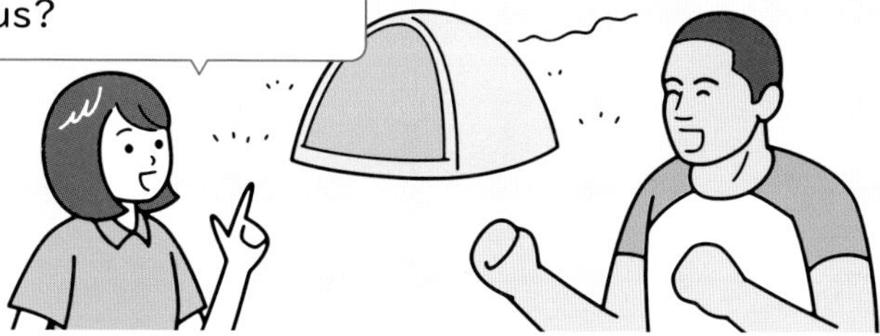

We will go camping next weekend. Would you like to come with us?
Sure! Oh, I love camping! **That would be great.**

ミカ：私たち，来週末にキャンプに行くんだ。あなたもいっしょに来ない？
ジェームズ：もちろん行くよ！　ああ，キャンプは大好きなんだ！　楽しみだなあ。

もっと！

That would be great.

「すてきだなあ。」「楽しみだなあ。」とこれから起こることに対して，期待していることを示します。

相手の意見・感想をたずねる表現

What do you think about ～？	「～についてどう思いますか。」
How do you like ～？	「～はどうですか／気に入りましたか。」
How is ～？	「～はどんなですか／どうですか。」
What is ～ like?	「～はどんなふうですか。」
What do you like about ～？	「～のどういうところが好きですか。」

UNIT 3

道案内・電話での会話

音声を聞いて，発音もチェックしよう♪

018

Can-Do 道案内や電話で話すときの決まり文句を使って，基本的なやりとりができる。

SCENE

1 道案内 1 | 目的地までの道順についてのやりとり。

Excuse me.
❶ **How can I get to the convenience store?**

Turn left at the second corner, and you'll find it **on your right.**

外国人女性：すみません。コンビニエンスストアへは，どうやって行ったらいいですか？
ミカ：２番めの角を左へ曲がると，右手にありますよ。

❶ **How can I get to 〜？**

「〜へはどうやって行くのですか。」は，道を聞くときの一般的な言い方。

turn left「左に曲がる」
at the second corner「２つ目の角で」
on your right「右側に」

SCENE

2 道案内 2 | 目的地までの電車乗りかえについてのやりとり。

❷ **Could you tell me the way to Mitaka?**

Get on that train and **get off at** Shinjuku. Then, **change to** the Chuo line.

外国人女性：三鷹までの道順を教えてもらえますか？
ミカ：あの電車に乗って，新宿で下車してください。それから中央線に乗ってください。

❷ **Could you tell me the way to 〜？**

「〜への道順を教えていただけますか。」も，よく使われます。

get off at 〜
「〜で降りる」
change to 〜
「〜に乗り換える」
電車での行き方を説明するときに，便利な表現です。

SCENE

3 電話 1 | 電話をつないでもらうときのやりとり。

Hello? **This is James.**
❸ **May I speak to Mika?**

ジェームズ：もしもし？（こちらは）ジェイムズです。ミカさんはいますか？
ミカ：私だよ。

❸ May I speak to ～？

「～はいますか（～と話せますか）。」は，電話をかけて，話したい相手につないでもらうときの言い方です。電話で自分の名前を名乗るときは，I'm ～. ではなく **This is ～ (speaking).** 「こちらは～です（～が話しています）。」と言います。
Speaking.
「私です。」は，ここでは (This is Mika) speaking. ということ。

SCENE

4 電話 2 | まちがい電話を指摘するときのやりとり。

Hello?
Is this Mr. White's office?

❹ **I'm afraid you have the wrong number.**
Please check the number again.

ジェームズ：もしもし？　ホワイトさんの事務所ですか？
男性：申し訳ありませんが，電話番号をまちがえてますよ。もう一度，番号をご確認ください。

❹ I'm afraid you have the wrong number.

「申し訳ありませんが，電話番号をまちがえています。」
I'm afraid ～. は「（残念ながら）～と思う。」の意味で，望ましくないことなどを相手に伝えるときに使います。

電話でよく使われる表現

May I have your name, please?	「どちらさまですか。」
Please hold.	「切らずにそのままお待ちください。」
Just a minute [moment], please.	「少しお待ちください。」
Can I leave a message?	「伝言をお願いできますか。」
Shall I take a message?	「伝言をお聞きしましょうか。」
I'll call you back later.	「あとでかけ直します。」

019

音声を聞いて，発音もチェックしよう♪

UNIT 4

依頼する

Can-Do 店などで，自分の希望を相手に伝えることができる。

SCENE 1

お店で 1 ｜ 新しい洋服を買いにいった。

Are you looking for anything?

店員：何かお探しですか？

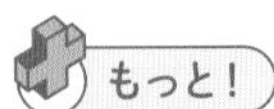
もっと！

Are you looking for anything?

「何かお探しですか。」
お店に入ったときに店員からよく言われるセリフです。

SCENE 2

お店で 2 ｜ 商品を見せてもらう。

❶ Will you show me some shirts?

How about this one?

ミカ：シャツを何枚か見せてもらえますか？
店員：こちらはいかがでしょうか？

❶ Will you show me some shirts?

「シャツを何枚か見せてもらえますか」。
Will you ～？は「～してくれますか。」と人に頼む言い方です。

もっと！

How about this one?

「こちらはいかがでしょうか。」
How about ～？「～はどうですか。」と提案したり誘ったりする表現です。

SCENE

3 お店で 3 ｜ ピッタリのサイズを探す。

It’s a little too small.
One size larger, please.
Sure. Here you are.

ミカ：ちょっと小さすぎるな。もう１つ大きいサイズをお願いします。
店員：かしこまりました。こちらにございます。

SCENE

4 お店で 4 ｜ 試着させてもらうことにした。

I like this one.
❷ **May I try it on?**

Yes. The fitting room is over there.

ミカ：これが気に入りました。試着してもいいですか？
店員：はい。試着室はあちらにございます。

❷ May I try it on?

「試着してもいいですか。」May I ～？は「～してもいいですか。」と相手にていねいに許可を求める表現。try ～ on で，「～を試着する」という意味になります。

SCENE

5 お店で 5 ｜ 支払いのときのやりとり。

I’ll take this.
❸ **Can I pay by credit card?**

Sure.

ミカ：これを買います。クレジットカードで払っていいですか？
店員：もちろんです。

もっと！

I’ll take this.

「これを買います。」お店で買うものを決めたときの決まり文句です。

❸ Can I pay by credit card?

「クレジットカードで払っていいですか。」現金で払うときは I’ll pay in cash.「現金で払います。」などと言います。

15章 会話表現

音声を聞いて，発音もチェックしよう♪

020

UNIT 5

誘う・提案する

Can-Do 相手を誘ったり，提案したりできる。

SCENE

1 予定を聞く ｜ 週末の予定について，聞いてみた。

Do you have any plans for this weekend?

Nothing special.

ジェームズ：週末は何か予定はあるの。
ミカ：特にないよ。

もっと！

Do you have any plans for ～？

「～に何か予定はありますか。」何か予定や計画などがあるかどうかを，have を使って聞くことができます。

Nothing special.

「特にありません。」もし予定が入っていて断るのなら，I'm sorry, but ～「残念だけど～」などと言います。

SCENE

2 誘う ｜ 家族のイベントに友だちを誘った。

❶ Why don't you join my dad's birthday party?

I'm glad to hear that. Sure, I will go.

ジェームズ：パパの誕生日パーティーに来ない？
ミカ：それを聞いてうれしい。もちろん，よろこんで行くよ。

❶ Why don't you join my dad's birthday party?

「パパの誕生日パーティーに来ませんか？」
Why don't you ～？は，ここでは「なぜ～しないのですか。」という意味ではなく，「～したらどうですか。」「～しませんか。」と相手を誘う表現です。

SCENE

3 提案する｜誕生日のプレゼントについて。

Do you have any ideas for your father's birthday present?
How about a new pair of golf shoes? He wanted that.

お母さん：お父さんのお誕生日プレゼントのために，何かアイディアない？
ジェームズ：新しいゴルフシューズはどう？　ほしがっていたよ。

SCENE

4 提案に同意する｜プレゼント決定！

That's a good idea! ❷ Let's get him that.
Yes, let's.

お母さん：それはいい考えね！　**それにしましょう。**
ジェームズ：そうしよう。

もっと！

That's a good idea!

「それはいい考えですね！」相手の考えに同意するときの言い方です。

❷ **Let's get him that.**

「それを彼に買ってあげましょう。」
Let's ～. は「～しましょう。」

SCENE

5 ～したい｜パーティーの準備開始。

❸ I'd like to make a cake. **Can you help me?**
Sure.

お母さん：**ケーキを作りたいの。**手伝ってくれる？
ジェームズ：いいよ。

❸ **I'd like to make a cake.**

「私はケーキを作りたいです。」I'd like to ～ は「～したいと思う」と自分の希望を相手に伝えるときの言い方。

15章 会話表現

定期テスト対策問題

解答 ➡ p.292

問1 体調をたずねる

次の対話文の（　　）に当てはまる英文を下から選び，その記号を書きなさい。

Kate: Aki, you look sick. (1)(　　　　)
Aki: I don't feel great. I think I have a cold.
Kate: (2)(　　　　) You should see a doctor.
Aki: I'll do that.
Kate: (3)(　　　　) I hope you get well soon.

ア That's too bad.　　イ Take care of yourself.
ウ I have a fever.　　エ What's the matter?

問2 ほめる

次の対話文の（　　）に当てはまる英文を下から選び，その記号を書きなさい。

Mika: Long time no see, John. I hear you have passed a hard examination. Congratulations! (1)(　　　　)
John: Thank you. I was lucky. By the way, I'm going to have a potluck party next Sunday evening. Would you like to join us?
Mika: Sure. (2)(　　　　) I'll come to your place around 6:00 p.m.
(Next Sunday)
Mika: Thank you for inviting me.
John: You're welcome. (3)(　　　　) It looks good on you.
Mika: Thanks.

*potluck party 持ち寄りパーティー

ア How nice your shirt is!　　イ Have a nice day.
ウ You're smart.　　エ That would be great.

問3 道案内

次の対話文の下線部とほぼ同じ意味を表す英文を下から選び，その記号を書きなさい。

Tom: Excuse me. <u>How can I get to the museum?</u>
Man: Oh, it's easy. Turn left at the second corner, and you'll find it on your right.

ア What is a museum?　　イ Could you tell me the way to the museum?
ウ Was the museum here?　　エ Do you like the museum?

問4 依頼する

次の対話文の（　）に当てはまる英文を下から選び，その記号を書きなさい。

Kevin: Nice to meet you.
Aya: Nice to meet you, too. (1)(　　　)
Kevin: I'm Kevin.
Aya: Hi, Kevin. I'm Aya. Welcome to our party today.
Kevin: Thanks for inviting me. (2)(　　　)
Aya: Sure. (3)(　　　)

ア Would you tell me where to put my bag?
イ Could you come this way with me, please?
ウ May I have your name, please?
エ Can I take a picture here?

問5 招待する・提案する

次の対話文の（　）に当てはまるものを下から選び，その記号を書きなさい。ただし，(2)は2か所あります。また文のはじめの語句でも小文字で示しています。

Ted: Do you have any plans for this weekend?
Rina: Nothing special.
Ted: (1)(　　　) come to my house next Saturday and watch a soccer game on TV? Mika and Ken will join us, too.
Rina: Oh, that sounds good. Sure, I would be happy to.
Ted: Great. I'll meet you at the station at 3 o'clock.
Rina: All right. See you then.
(Next Saturday)
Ted: Hi, Rina. (2)(　　　) go to the supermarket. We need some food for dinner, right?
Rina: Oh, that's right.
Ted: What do you want to eat?
Rina: How about pizza? It's easy to eat while watching TV.
Ted: That's a good idea. (2)(　　　) get some.
Rina: Yes, let's. And (3)(　　　) making a salad? Can you help me?
Ted: Sure.

ア how about　　イ let's　　ウ why don't you　　エ I'd like to

入試問題にチャレンジ 1

制限時間： 50分　　　点

解答 ➜ p.293

問1 未来を表す文　7点×3

次の各問いに答えなさい。

(1) 次の文の意味が通るように，(　　) 内の語を並べかえなさい。［大阪府：改］

His birthday party (**ア** held　**イ** next　**ウ** will　**エ** be) Sunday.

(2) 次の対話文の (　　) に入る最も適当なものを**ア**～**エ**から 1 つ選びなさい。［福島県：改］

① A: We will have our school trip this Friday. (　　)
B: I checked it on TV. It will be good.
ア What will you want to be?　**イ** What did you do there?
ウ How will the weather be?　**エ** How did you go there?

② A: When will your summer vacation start, Sakura?
B: (　　)
ア It will start in July.　**イ** They will be in July.
ウ We'll play it in July.　**エ** I'll go there in July.

問2 助動詞　7点×3

次の各問いに答えなさい。

(1) 次の対話文の意味が通るように，(　　) 内の語句を並べかえなさい。［兵庫県：改］

A: Do you think I can read this English book?
B: Yes, I think you can. You (**ア** difficult　**イ** to　**ウ** don't　**エ** know　**オ** have　**カ** words). Try to understand the outline of the story.

(2) 次の日本文の内容に合うように，(　　) 内から最も適するものを 1 つ選びなさい。［大阪府］

彼は今日，ここを出発するかもしれません。

He may (**ア** leave　**イ** leaves　**ウ** leaving) here today.

(3) 次の対話文の (　　) に入る最も適当なものを**ア**～**エ**から 1 つ選びなさい。［岩手県］

A: Hi, Ted and Ken. Where are you going?
B: We are going to go to the park to play soccer.
A: Oh, really? (**ア** May I　**イ** Can you　**ウ** Should they　**エ** Will it) go with you?
B: Sure. Let's go.

問 3 There is [are] ～. の文　6点×2

次の対話文の意味が通るように，(　　) 内の語句を並べかえなさい。

(1) A: I'm going to see a baseball game next Saturday, but this is my first time to see it at a stadium. (ア there　イ to　ウ bring　エ anything　オ is)?

B: You'll need a lot of water because it'll be very hot there. ［兵庫県：改］

(2) A: I want to buy something for my mother's birthday.

B: There (ア front　イ in　ウ a flower shop　エ is) of the station. You can buy beautiful flowers there. ［愛媛県：改］

問 4 いろいろな文の構造　7点×4

次の各問いに答えなさい。

(1) 次の対話文の意味が通るように，(　　) 内の語句を並べかえなさい。 ［岩手県］

A: We like our new teacher. Her class is fun.

B: What subject does she teach?

A: She (us / teaches / music).

(2) 次の文の意味が通るように，(　　) 内の語句を並べかえなさい。

① I will show (ア to　イ you　ウ way　エ the) the museum. ［大阪府：改］

② My new school life started. Today, the student council* showed us a video about the school. (ア excited　イ it　ウ made　エ watching　オ very　カ me).

(注) student council 生徒会 ［兵庫県：改］

(3) 次の日本文を英文にしなさい。 ［青森県：改］

私は彼女に美しい花を数本あげるつもりです。

問 5 接続詞　6点×3

次の各問いに答えなさい。

(1) 次の対話文の意味が通るように，(　　) 内の語句を並べかえなさい。 ［千葉県］

① A: I'm worried about my new school life.

B: Don't worry. We (ア when　イ other　ウ can　エ each　オ help) we have trouble.

② Mike: This hat looks good. Is this yours?

Father: Yes. I can (you / you / the hat / like / give / if) it.

(2) 次の文を読むとき，意味のまとまりを考えて 1 か所だけ区切るとすれば，どこで区切るのが最も適当か。**ア～エ**から 1 つ選びなさい。

My brother was not /ア at home /イ when /ウ I got home /エ from school.

入試問題にチャレンジ ②

制限時間： 50分　　点

解答 ➜ p.294

問 1 不定詞・動名詞　5点×7

次の各問いに答えなさい。

(1) 次の日本文の内容に合うように，(　　) 内から最も適するものを1つ選びなさい。 [大阪府]

外国の文化について学ぶことは興味深いです。

(ア Learn　イ Learned　ウ Learning) about foreign cultures is interesting.

(2) 次の文の (　　) に入る最も適当なものを**ア〜エ**から1つ選びなさい。 [神奈川県]

We can get new ideas by (ア talking　イ talked　ウ have talked　エ to talk) with a lot of people.

(3) 次の文の意味が通るように，(　　) 内の語を並べかえなさい。

① It is hard (ア to　イ for　ウ speak　エ me) in front of many people. [栃木県]

② (ア mistakes　イ afraid of　ウ don't　エ making　オ be). [栃木県]

③ He was old, and it (for / was / to / hard / walk around / him) Japan. [宮城県]

(4) 次の対話文の意味が通るように，(　　) 内の語句を並べかえなさい。 [宮崎県]

① A: Did you go anywhere last Sunday?
B: Yes. I went to (see / aunt / to / my / Fukuoka).

② A: Can I talk to Mr. Brown?
B: He looks busy, so I think he (ア listen　イ to　ウ no　エ has　オ time) to you now.

問 2 比較　5点×6

次の各問いに答えなさい。

(1) 次の日本文の内容に合うように，(　　) 内の語句を並べかえなさい。 [北海道]

由紀は，あなたと同じくらい速く走ることができます。

Yuki can run as (you / fast / as).

(2) 次の日本文の内容に合うように，(　　) 内から適する語を選びなさい。 [大阪府]

あれは，私たちの町で最も古い寺です。

That is the (ア old　イ older　ウ oldest) temple in our town.

(3) 次の文の (　　) に入る最も適当なものを**ア〜エ**から1つ選びなさい。

Yoshio has two brothers and he is the (ア younger than　イ youngest　ウ young　エ as young) of the three. [神奈川県]

⑷　次の対話文の（　　）に入る最も適当なものを**ア〜エ**から１つ選びなさい。　［岩手県］

A: What season do you like?

B: I like summer. I love swimming in the sea. How about you?

A: I like spring the (**ア** much　**イ** more　**ウ** better　**エ** best) of all seasons. The flowers are beautiful.

B: I see.

⑸　次の対話文の（　　）内の語を適切な形に変えて書きなさい。　［沖縄県：改］

A: Hi, this is Miki speaking. Are you all OK? I heard a big typhoon is coming to Okinawa.

B: Yes. It's raining hard now and the wind is getting stronger.

A: Don't go outside. The reporter said it would be the (bad) typhoon in seven years.

⑹　次の対話文の意味が通るように，（　　）内の語句を並べかえなさい。　［沖縄県］

A: I heard you can speak Korean and Chinese.

B: I learned Korean in high school, and I live in China now.

A: (**ア** speak　**イ** language　**ウ** you　**エ** do　**オ** which) better, Korean or Chinese?

B: I speak Chinese better now.

問3　受け身　⑴ 5点，⑵ 6点×5

次の各問いに答えなさい。

⑴　次の日本文の内容に合うように，（　　）内の語句を並べかえなさい。

この歌は，世界中で多くの人々に愛されています。　［北海道］

This song (many / is / by / loved) people around the world.

⑵　次の対話文の意味が通るように，（　　）内の語句を並べかえなさい。

① A: What (**ア** is　**イ** your　**ウ** spoken　**エ** language　**オ** in) country?　［千葉県］

B: English and French.

② A: Did you know these plastic bottles (**ア** from　**イ** are　**ウ** made　**エ** oil)?　［徳島県］

B: Yes, we studied it in our science class.

③ A: What does it say on the door?　［宮崎県］

B: It says that (**ア** not　**イ** students　**ウ** to　**エ** allowed　**オ** are) enter from here.

入試問題にチャレンジ ③

制限時間： 50分　　点

解答 ➡ p.295

問 1 前置詞　6点×5

次の各問いに答えなさい。

(1) 次の日本文の内容に合うように，(　　) 内から最も適するものを1つ選びなさい。 [大阪府]

机の下にあなたのかばんを置いてください。

Please put your bag (**ア** in　**イ** on　**ウ** under) the desk.

(2) 次の文の (　　) に入る最も適当なものを**ア〜エ**から1つ選びなさい。 [長野県]

This sign shows that these places welcome people (**ア** with　**イ** at　**ウ** on　**エ** against) helping dogs.

(3) 次の対話文の (　　) に入る最も適当な語を書きなさい。 [鳥取県]

Tom: Your English is very good. How do you study English?

Kana: I watch English news (　　　) the Internet.

(4) 次の対話文の意味が通るように，(　　) 内の語句を並べかえなさい。 [岩手県]

① A: Who is your favorite volleyball player?

B: My favorite player is Saori.

A: Me, too. I want to (her / a good player / like / become).

② A: Please look at those (in / red dresses / girls). [宮崎県]

B: Oh, they are so beautiful!

問 2 現在完了　7点×5

次の各問いに答えなさい。

(1) 次の文の意味が通るように，(　　) 内の語を並べかえなさい。 [大阪府]

Some of the (**ア** have　**イ** members　**ウ** come　**エ** not) yet although it is the time to start the meeting now.

(2) 次の質問に対する答えを英語で書け。ただし，6語以上の1文で書くこと。

あなたは，英語を使って，今までにどのようなことをしましたか。 [愛媛県]

(3) 次の対話文の (　　) に入る最も適当な語を書きなさい。

A: You and Hanako are very good friends, aren't you?

B: Yes. We've (　　　) each other for eight years.

(4) 次の対話文の (　　) 内の語を最も適切な形にして書きなさい。 [千葉県]

① A: This song has (be) famous in Japan for a long time.

B: Yes, my grandfather sometimes listens to it.

② A: I want to go to the U.S.
B: My father has (be) to New York once.
A: Oh, really? I want to ask him about his trip.

問3 会話表現　7点×5

次の各問いに答えなさい。

(1) 次の対話文の（　）に入る最も適当なものを**ア〜エ**から1つ選びなさい。

① A: Oh, Mark left his tennis racket.　［岐阜県］
B: Really? I think he needs it for his club activity after school today.
A: Yes. (　　)
B: All right, I will do that.

ア Can you take it to him, please?　**イ** Could you send him to school?
ウ May I use it at school?　**エ** Can you bring it home, please?

② A: Hello, this is Bob. May I speak to Mike, please?　［北海道］
B: I'm afraid that he is out now. Do you want to leave a message?
A: No, thank you. (　　)
B: OK, I'll just tell Mike about this when he comes home.

ア I'll take a message.　**イ** It's a different number.
ウ I'm not Mike.　**エ** I'll call him back later.

(2) 次の対話文の意味が通るように，（　）内の語句を並べかえなさい。　［山口県］

A: Excuse me. How (to / I / get / can) Wakaba Station?
B: Go straight for about five minutes. It's on your left.
A: Thank you.

(3) 次の[　　]に適する3語以上の英文を作り，自然な会話になるようにしなさい。　［岡山県］

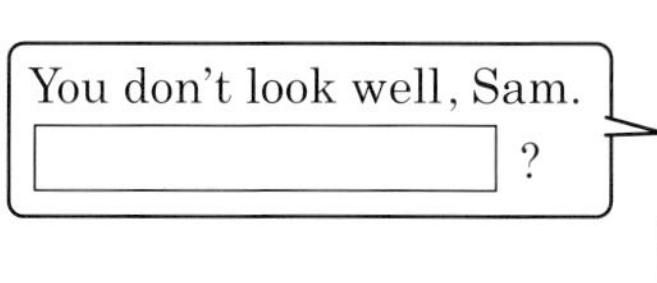
You don't look well, Sam.
?

Well, I have a stomachache.

(4) 次の英文を，2人の会話が交互に自然につながるように正しく並べかえなさい。　［沖縄県］

ア OK. I'll call back later.
イ This is Tom Smith. Can I speak to Mr. Brown?
ウ Hello. Mr. Brown's office.
エ I'm sorry, he is busy now.

語形変化のまとめ ── 名詞・形容詞・副詞・動詞

❶ 名詞の複数形

s をつける（大部分の語）	girl → girls
es をつける（語尾が s, ch などの語）	class → classes , watch → watches
y を i にかえて es をつける （語尾が〈子音字＋y〉の語）	story → stories
f, fe を ves にする （語尾が f, fe の語）	leaf → leaves , knife → knives
不規則なもの	child — children , tooth — teeth , man — men , woman — women , foot — feet

❷ 形容詞・副詞の比較変化

er, est をつける（大部分の語）	old — older — oldest
r, st をつける（語尾が e の語）	large — larger — largest
y を i にかえて er, est をつける （語尾が〈子音字＋y〉の語）	busy — busier — busiest
子音字を重ねて er, est をつける （語尾が〈短母音＋子音字〉の語）	big — bigger — biggest
more, most を使う （2 音節以上の語）	famous — more famous — most famous
不規則なもの	good — better — best

❸ 動詞

1. 動詞の ing 形

ing をつける（大部分の語）	eat → eating
e をとって ing をつける（語尾が e の語）	have → having
子音字を重ねて ing をつける（語尾が〈短母音＋子音字〉の語）	stop → stopping
ie を y にかえて ing をつける（語尾が ie の語）	die → dying

2. 動詞の 3 人称単数現在形

s をつける（大部分の語）	look → looks
es をつける（語尾が o, s, z, ch, sh の語）	go → goes
y を i にかえて es をつける（語尾が〈子音字＋y〉の語）	study → studies， try → tries

3. 規則動詞の過去形・過去分詞

ed をつける（大部分の語）	cook → cooked
d をつける（語尾が e の語）	move → moved
y を i にかえて ed をつける（語尾が〈子音字＋y〉の語）	study → studied， marry → married
子音字を重ねて ed をつける（語尾が〈短母音＋子音字〉の語）	drop → dropped， stop → stopped

4. 不規則動詞の過去形・過去分詞

A — B — B 型	teach — taught — taught， send — sent — sent
A — B — C 型	sing — sang — sung， write — wrote — written
A — B — A 型	run — ran — run， come — came — come
A — A — A 型	put — put — put， hit — hit — hit

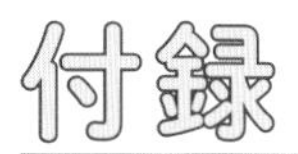

原形（現在形）		過去形	過去分詞	ing形
awake	目覚める	awoke, awaked	awoke, awaked	awaking
be(am,is,are)	（be動詞）	was, were	been	being
become	～になる	became	become	becoming
begin	はじめる	began	begun	beginning
bite	噛みつく	bit	bitten	biting
break	こわす	broke	broken	breaking
bring	持ってくる	brought	brought	bringing
build	建てる	built	built	building
buy	買う	bought	bought	buying
catch	つかまえる	caught	caught	catching
choose	選ぶ	chose	chosen	choosing
come	来る	came	come	coming
cut	切る	cut	cut	cutting
do(does)	する	did	done	doing
draw	（線を）引く，描く	drew	drawn	drawing
drink	飲む	drank	drunk	drinking
drive	運転する	drove	driven	driving
eat	食べる	ate	eaten	eating
fall	落ちる	fell	fallen	falling
feel	感じる	felt	felt	feeling
fight	戦う	fought	fought	fighting

原形（現在形）		過去形	過去分詞	ing 形
find	見つける	found	found	finding
fly	飛ぶ	flew	flown	flying
forget	忘れる	forgot	forgotten, forgot	forgetting
forgive	許す	forgave	forgiven	forgiving
get	手に入れる	got	got, gotten	getting
give	与える	gave	given	giving
go	行く	went	gone	going
grow	成長する	grew	grown	growing
have(has)	持っている	had	had	having
hear	聞こえる	heard	heard	hearing
hit	打つ	hit	hit	hitting
hold	手に持つ	held	held	holding
keep	保つ	kept	kept	keeping
know	知っている	knew	known	knowing
leave	去る	left	left	leaving
lend	貸す	lent	lent	lending
lose	失う	lost	lost	losing
make	つくる	made	made	making
mean	意味する	meant	meant	meaning
meet	会う	met	met	meeting
mistake	間違える	mistook	mistaken	mistaking
pay	払う	paid	paid	paying
put	置く	put	put	putting
read [ríːd リード]	読む	read [réd レッド]	read [réd レッド]	reading

原形（現在形）		過去形	過去分詞	ing 形
ride	乗る	rode	ridden	riding
rise	のぼる	rose	risen	rising
run	走る	ran	run	running
say	言う	said	said	saying
see	見る	saw	seen	seeing
send	送る	sent	sent	sending
shoot	撃つ	shot	shot	shooting
show	見せる	showed	shown, showed	showing
sing	歌う	sang	sung	singing
sit	座る	sat	sat	sitting
sleep	眠る	slept	slept	sleeping
speak	話す	spoke	spoken	speaking
spend	過ごす	spent	spent	spending
stand	立つ	stood	stood	standing
swim	泳ぐ	swam	swum	swimming
take	取る	took	taken	taking
teach	教える	taught	taught	teaching
tell	話す	told	told	telling
think	考える	thought	thought	thinking
throw	投げる	threw	thrown	throwing
understand	理解する	understood	understood	understanding
wear	身につけている	wore	worn	wearing
win	勝つ	won	won	winning
write	書く	wrote	written	writing

くわしい 中2英語

KUWASHII
ENGLISH

解答と解説

1章 現在の文（中1の復習）

1 be動詞の現在形 CHECK 001

(1) **are** (2) **is**

2 be動詞の現在形の否定文 / 疑問文 CHECK 002

(1) **Is** (2) **aren't**

3 一般動詞の現在形 CHECK 003

(1) **go to school every day**
(2) **usually eat fruit for breakfast**

4 一般動詞の現在形の否定文 / 疑問文 CHECK 004

(1) **don't** (2) **Do**

5 一般動詞の3人称単数現在形 CHECK 005

(1) **has** (2) **studies**

6 一般動詞の3人称単数現在形の否定文 / 疑問文 CHECK 006

(1) **doesn't** (2) **study**

7 現在進行形 CHECK 007

(1) **writing** (2) **waiting**

8 現在進行形の否定文 / 疑問文 CHECK 008

(1) **playing** (2) **Is**

定期テスト対策問題

1 (1) **is** (2) **are** (3) **am** (4) **Are, are**

2 (1) **I'm not a junior high school student.**
(2) **Is your mother at home?**

3 (1) **I like baseball**
(2) **Tom and I come from Australia**
(3) **You have three dogs**

4 (1) **We don't [do not] watch TV.**
(2) **Do you like Japanese food?**

5 (1) **reads** (2) **watch**

解説 (2) Ken and Kumi は複数。

6 (1) **Tom doesn't [does not] like baseball.**
(2) **My brother doesn't [does not] play the guitar.**
(3) **Does Ms. Sato teach Japanese?**
(4) **Does Mr. Brown like *natto*?**

解説 否定文や疑問文で **does** を使ったら，後ろの動詞は原形にすることに注意する。

7 (1) **I'm [I am] studying English now.**
(2) **He plays baseball every day.**

8 (1) **aren't, playing**
(2) **isn't, watching**
(3) **is, doing**

2章 過去の文（中1の復習）

1 一般動詞の過去形（規則動詞） CHECK 009

(1) **My father played the violin yesterday.**
(2) **We studied English yesterday.**

2 一般動詞の過去形（不規則動詞） CHECK 010

(1) **wrote** (2) **cut**

3 一般動詞の過去形の否定文 / 疑問文 CHECK 011

(1) **Did** (2) **didn't**

4 be動詞の過去形 CHECK 012

(1) **was** (2) **were**

5 be動詞の過去形の否定文 / 疑問文 CHECK 013

(1) **was not** (2) **Were**

6 過去進行形の意味と形 CHECK 014

(1) **were** (2) **was**

7 過去進行形の否定文 / 疑問文 CHECK 015

(1) **taking** (2) **writing**

定期テスト対策問題

❶ (1) **finished** (2) **walked** (3) **played**

解説 いずれも規則動詞の過去形。(3) play は y の前が母音であるため i にはならない。

❷ (1) **went** (2) **saw** (3) **ate [had]**

❸ (1) **Kumi didn't [did not] use her computer last night.**
(2) **Did your father go to the gym yesterday?**
(3) **Where did Jane go last year?**

解説 (3)下線部は場所を表す語であるため，疑問文では where（どこに）を使う。

❹ (1) **was** (2) **was** (3) **are** (4) **were**

解説 (4)主語 Erika and I は複数で，two years ago は「2年前」を表す過去の語句。

❺ (1) **Were the boys in [at] the library yesterday? — Yes, they were.**
(2) **The doctor wasn't [was not] free yesterday.**

解説 (1)主語が the boys → be動詞は were。

❻ (1) **writing** (2) **was** (3) **doing**

解説 過去進行形は〈**was [were] + ～ing**〉の形。

❼ (1) **Were you watching TV?**
(2) **He wasn't [was not] having dinner then.**

❽ (1) **My sister was playing the piano on the stage**
(2) **Were you using a new computer**

解説 (2)過去進行形の疑問文なので，〈**Was [Were] + 主語 + ～ing ... ?**〉の形にする。

3章 未来を表す文

1 be going to を使った未来の文 CHECK 016

(1) **are** (2) **going**

2 be going to の否定文 CHECK 017

(1) **is** (2) **aren't**

3 be going to の疑問文 CHECK 018

(1) **Are Junko and Lisa going to study**
(2) **Where are you going to go**

4 will を使った未来の文 CHECK 019

(1) **He will become a good soccer player**
(2) **I'll be at home**

5 will の否定文 CHECK 020

(1) **will, not** (2) **won't**

6 will の疑問文 CHECK 021

(1) **Will she come to the party**
(2) **Where will you stay in**

定期テスト対策問題

1 (1) **is** (2) **Are** (3) **do** (4) **are**

解説 (4)主語の My mother and I は複数。直前に I があるからといって am にしないこと。

2 (1) **He isn't [is not] going to do his homework.**
(2) **No, I'm [I am] not.**
(3) **What are you going to eat for lunch?**

解説 (3)sushi「すし」に下線があるので「何」を食べるかをたずねる疑問文を作る。

3 (1) **Are, No, not**
(2) **What, going, going**
(3) **How, going, For**

解説 (3)期間をたずねる疑問文は How long で始める。答える文は期間を表す for を使う。

4 (1) **I will read the comic book tomorrow.**
(2) **Lisa won't [will not] go to Canada next year.**
(3) **Will she be busy this afternoon?**
(4) **Where will they play basketball next Sunday?**

解説 (2) will の否定文は〈will not＋動詞の原形〉の形。will not は短縮形 won't でもよい。
(3) will の疑問文は〈Will＋主語＋動詞の原形〉で文を始める。

5 (1) **will, practice [play]**
(2) **will, turn** (3) **is, going, to**

解説 (3)絵から，今にも雨が降り出しそうな天気が読み取れる。

6 (1) **won't** (2) **will** (3) **will**

解説 (1) You won't be able to sleep. は「眠れなくなってしまうよ」の意味。

7 (1) **Will, go [Are, going]**
(2) **won't, snow**
(3) **What, will, eat [have]**

4章 助動詞を使った表現

1 can / be able to CHECK 022

(1) **can eat** (2) **Are**

2 must / must not CHECK 023

(1) **must** (2) **must, not**

3 have to / don't have to CHECK 024

(1) **have, to** (2) **has, to**

4 may / May I ～? CHECK 025

(1) **may** (2) **May**

5 Will you ～? / Would you ～? / Could you ～? CHECK 026

(1) **Sure.** (2) **Yes, please.**

6 should / would like / Would you like ～? CHECK 027

(1) **do** (2) **Would you like**

7 Shall I ～? / Shall we ～? CHECK 028

Shall I

定期テスト対策問題

❶ (1) **can** (2) **able** (3) **not, able**

解説 (3)〈be動詞＋able to〉の否定文「～できない」は，**be動詞のあとにnotを置く。**

❷ (1) **My brother was able to climb Mt. Tateyama last year.**
(2) **We weren't [were not] able to write an e-mail in Spanish last year.**
(3) **Will she be able to ski well in a few years?**

解説 (3)「～できるだろう」は**will be able to**の形。in a few yearsは「数年したら」の意味。

❸ (1) **must not** (2) **have to**
(3) **Must, don't have to**

解説 (2)「大事な試合(big game)がある」→「一生けん命練習しなければならない」。

❹ (1) **has, to** (2) **Don't, take**

解説 (1)主語Mariは3人称単数→hasを使う。(2)禁止を表すmust notは否定の命令文で言いかえられる。

❺ (1) **may, not**
(2) **may [can], must [should]**

解説 (1) may not「～ないかもしれない」。

❻ (1) **shouldn't say such a**
(2) **would you tell me the way**
(3) **would like to go shopping**

解説 (3)〈would like to＋動詞の原形〉は，「～したい」をていねいに伝える言い方。

❼ (1) **Shall, I, please**
(2) **Shall, we, let's**
(3) **you, can't [cannot]**
(4) **May, I, course**

解説 (2) Shall we ～?には**let'sを使って答える。**

5章 There is [are] 〜. の文

1 There is [are] 〜. の文 CHECK 029

(1) **are** (2) **was**

2 There is [are] 〜. の否定文 / 疑問文 CHECK 030

(1) **isn't** (2) **there**

定期テスト対策問題

1 (1)○ (2)× (3)× (4)○

解説 (1)「ソファーのそばに小さなテーブルが1つあります。」
(2)「ソファーに男の子が1人(座って)います。」
(3)「部屋に窓がいくつかあります。」
(4)「部屋にボールが2つあります。」

2 (1) **There, are, on** (2) **There's**
(3) **isn't** (4) **There, aren't**

解説 〈There is [are] 〜.〉の文では, **be動詞は後ろの名詞によって決まる。**
名詞は, (1) cookies は複数, (2) something は単数, (3) information は単数, (4) buildings は複数。

3 (1) **are some coffee shops along the river**
(2) **is a big bookcase in my room**
(3) **There's no milk in the fridge**
(4) **Are there any problems**

解説 (1)「川沿いに喫茶店がいくつかあります。」
(2)「私の部屋には大きな本棚があります。」
(3)「冷蔵庫に牛乳がありません。」there's は there is の短縮形で, be動詞が含まれているため isn't が不要。**〈no＋名詞〉は「何も〜がない」という強い否定**を表す。
(4)「何か問題がありますか。」

4 (1) **There was a small dog under the tree yesterday.**
(2) **There were many colored pens on the desk.**
(3) **There will [There'll] be no homework tomorrow.**

解説 (2) a colored pen (単数) が many colored pens (複数) にかわることで, be動詞 was が were になることに注意。

5 (1) **Is, There's** (2) **Was, Yes, was**

解説 (2)「昨年ここに動物園がありましたか。」に対して, Bは2文目で「先月閉鎖されました(彼らがそれを閉鎖しました)。」と言っていることから, Yes で答えているとわかる。

6 (1) **There, are** (2) **How, many**

解説 (1)「1週間は7日を持っています。」→「1週間には7日あります。」
(2)下線部は three なので, 数をたずねる疑問文にする。数をたずねるときは, **〈How many＋複数名詞＋are there 〜 ?〉**の形。

7 (1) **There are five apples on the table.**
(2) **Is there a post office near your house?**

解説 (1)「リンゴが5つ」は複数なので, be動詞は are を使う。
(2)家の近くに郵便局があるかたずねるとき, ふつう「1つあるかどうか」をたずねるので, 郵便局は単数にする。

6章 いろいろな文の構造

1 look，become などの文の形　CHECK 031

(1)忙しそうだ　(2)になった

2 give，show などの文の形　CHECK 032

(1) **my friend a birthday present**
(2) **to**

3 call，make などの文の形　CHECK 033

(1) **him Tommy**
(2) **everyone happy**

定期テスト対策問題

1 (1) **The TV drama sounds interesting**
(2) **I feel a little tired**
(3) **My mother's cake always tastes good**
(4) **This dog looks like a bear**

解説 (1) sound(s)「～のようだ（に聞こえる）」を使う。
(2)人が「疲れた」と表すときは tired。tiring はものごとが「疲れさせる，うんざりさせる」という意味で，ここでは適さない。
(4) look(s)「～みたいだ（に見える）」を使う。「クマ」は名詞なので，〈**look(s) like＋名詞**〉にする。

2 (1) **getting [becoming]**
(2) **got [became]**
(3) **became**

解説 〈**get＋形容詞**〉や〈**become＋形容詞［名詞］**〉で「**～になる**」を表すことができる。
(1) better，(2) scared は形容詞で get，become のどちらも可。(3) nurse は名詞なので become のみ。時制にも注意。(1)は現在進行形，(2)(3)は過去形。

3 (1) **The flower doesn't [does not] smell good.**
(2) **Did the artist become famous?**
(3) **How do you feel?**

解説 (3)気分をたずねるときは how を使う。

4 (1) **call**　(2) **found**　(3) **made**

解説 (1)〈**call＋A＋B**〉「**A を B と呼ぶ**」。祖父の呼び名（Nori-ji）を紹介している。
(2)〈**find＋A＋B**〉「**A が B だとわかる**」。昨夜のことなので過去形（found）を使う。
(3)〈**make＋A＋B**〉「**A を B にする**」。文末に yesterday（昨日）があるので，過去形 made を使う。問題文は「何があなたを幸せにさせましたか。」という意味。

5 (1)**ア**　(2)**ウ**

解説 (1)〈**give＋（人）＋（もの）**〉「**（人）に（もの）をあげる**」
(2)〈**show＋（人）＋（もの）**〉「**（人）に（もの）を見せる**」

6 (1) **to，me**　(2) **for，the，baby**
(3) **call，her**　(4) **you，music**

解説 (1)〈give＋（人）＋（もの）〉
＝〈give＋（もの）＋**to**＋（人）〉
(2)〈buy＋（人）＋（もの）〉
＝〈buy＋（もの）＋**for**＋（人）〉
(3) nickname（ニックネーム，愛称）を，〈call＋A＋B〉「A を B と呼ぶ」で表す。
(4)〈teach＋（もの）＋to＋（人）〉
＝〈teach＋（人）＋（もの）〉

7章 接続詞

1 and, or, but CHECK 034

(1) **but** (2) **and**

2 when, before, after CHECK 035

(1) **When** (2) **before**

3 if CHECK 036

(1) **if** (2) **hurry**

4 because CHECK 037

(1) **I like winter because I like snow.**
(2) **I was tired because I worked hard.**

5 that CHECK 038

think

定期テスト対策問題

1 (1) **Yumi and I went to the park yesterday.**
(2) **I'm [I am] poor but happy.**
(3) **Is the baby a boy or a girl?**

解説 (1)主語に他の人と自分が含まれる場合，他の人を先に述べる。×I and Yumi としない。

2 (1) **before I watched TV**
(2) **was sleeping when we visited her**
(3) **brush your teeth after you eat**
(4) **while you're here**

解説 日本語では「～したとき」など接続詞にあたる語句は後ろに置くが，英語では〈when ～〉と前に置く。接続詞はそれぞれ，(1) before「～する前に」，(2) when「～したとき」，(3) after「～したあと」，(4) while「～する間に」。

3 (1) **because** (2) **Why, Because**

解説 (1)理由を表す接続詞 because を使う。

4 (1) **You can find the station if you turn left. [If you turn left, you can find the station.]**
(2) **Kazuo couldn't take the train because he got up late.**
(3) **I hope that she will pass the exam.**

解説 (1) if ～の部分は，後半に置いてもよい。
(2) because ～の部分は，ふつう文の後半に置く。

5 (1) **and** (2) **or** (3) **when** (4) **if**

解説 (1)「早くしなさい，そうすればバスに間に合いますよ。」
(2)「あなたは急がなければなりません，さもないと学校に遅れますよ。」
(3)「私が家に帰ったとき，母は料理していました。」
(4)「もしあなたが気に入ったなら，このかばんをあなたにあげます。」

6 (1) **イ** (2) **エ** (3) **①ア ②ウ**

解説 (1) A「もし時間があったら，私を手伝ってくれる？」B「いいよ。」
(2) A「そのチームは勝てるとは思わないな。」B「そのとおりだ。彼らはもっと練習すべきだよ。」
(3) A「明日がブラウン先生の誕生日だって知ってた？」B「うん。ぼくたち彼女にカードを作ったよ。」A「それはいいね。きっと彼女は気に入るよ。」

8章 不定詞と動名詞

1 不定詞の名詞的用法 CHECK 039

(1) **to, talk** (2) **want, to, use**

2 不定詞の副詞的用法①（目的） CHECK 040

(1) **to buy** (2) **to take**

3 不定詞の副詞的用法②（原因） CHECK 041

(1) **sad to hear**
(2) **was surprised to see**

4 不定詞の形容詞的用法 CHECK 042

(1) **anything to** (2) **write with**

5 It is ... (for —) to ～. の文 CHECK 043

(1) **It** (2) **to**

6 〈疑問詞＋to＋動詞の原形〉 CHECK 044

(1) **know what to see**
(2) **know where to buy**

7 動名詞の意味と形 CHECK 045

(1) **dancing** (2) **playing**

8 不定詞と動名詞 CHECK 046

(1) **kicking** (2) **playing**

定期テスト対策問題

1 (1) **to, talk** (2) **want, to**

解説 (2)「～したい」＝**want to ～**

2 (1) **ran fast to catch the bus**
(2) **happy to study together**
(3) **am sorry to be late**

解説 (1)目的を表す副詞的用法の不定詞。
(2)(3)感情の原因を表す副詞的用法の不定詞。

3 (1) **time, to** (2) **something, to**

解説 (1) time を to watch TV が後ろから修飾。
(2) something を to drink が後ろから修飾。

4 (1) **have, to, do** (2) **to, hear**

解説 (1)「今日すべき宿題がたくさんある［～をたくさん持っている］」という文にかえる。

5 (1) **It, to** (2) **It, for, to**

解説 (2)**不定詞の動作をする人は〈for＋人〉の形で不定詞の前に置いて表す。**

6 (1) **know where to go today**
(2) **know how to ride a bike**

解説 (1) **where to ～＝「どこで～すべきか」。**
(2) **how to ～＝「～の仕方」。**

7 (1) **taking**
(2) **like, watching [seeing]**
(3) **taking, walk** (4) **Playing, is**
(5) **inviting, me**

解説 (2)「(映画を) 見る」は watch または see。

8 (1) **to live** (2) **drawing** (3) **playing**
(4) **to go**

解説 (1)(4) **hope, want の目的語は不定詞。動名詞は目的語にならない。**
(2)(3) **finish, enjoy の目的語は動名詞。**不定詞は目的語にならない。

9章 比較

1 比較級の作り方（er）と文の形 CHECK 047

⑴ **taller** ⑵ **newer**

2 最上級の作り方（est）と文の形 CHECK 048

⑴ **oldest** ⑵ **fastest**

3 more, most を使う比較級と最上級 CHECK 049

⑴ **more popular**
⑵ **the most popular**

4 副詞の比較級，最上級 CHECK 050

⑴ **later** ⑵ **best, of**

5 which などで始まる比較の疑問文 CHECK 051

⑴ **or** ⑵ **earliest**

6 like ～ better / like ～ the best CHECK 052

⑴ **better** ⑵ **the best**

7 as ～ as / not as ～ as CHECK 053

⑴ **well** ⑵ **easy**

定期テスト対策問題

❶ ⑴ **taller, than** ⑵ **the, tallest, of**

解説 ⑴「アンディはジョンよりも背が高い。」
⑵「デイビッドは3人の中でいちばん背が高い。」

❷ ⑴ **oldest** ⑵ **larger** ⑶ **strongest**

解説 ⑵ large は語尾が e なので r だけつける。

❸ ⑴ **the, highest [tallest], in**
⑵ **the, longest, of**
⑶ **more, important, than**

解説 ⑴⑵最上級のあとの「～の中で」は，〈in＋場所や範囲を表す語句〉，〈of＋複数を表す語句〉の形。

❹ ⑴ **Kumi is the youngest of all**
⑵ **Your school is much larger than mine**
⑶ **English is more useful than French**

解説 ⑵「ずっと～」と比較級を強調するときは，比較級の語の前に much を置く。

❺ ⑴ **faster, than** ⑵ **the, hardest**
⑶ **the, most, slowly**

解説 ⑶ slowly の最上級は，前に most をつけて most slowly となる。

❻ ⑴ **better, than** ⑵ **best, in**
⑶ **fastest, of**

解説 ⑵⑶副詞の最上級は，直前の the は省略されることがある。ここはどちらも省略した形。

❼ ⑴ **Yes, she is.** ⑵ **Mari is.**
⑶ **Emi is.**

解説 ⑵⑶〈Who is＋形容詞～？〉の疑問文に対しては，短く〈主語＋is.〉と答えればよい。

10章 受け身

1 受け身の意味と文の形 CHECK 054

⑴ **used** ⑵ **by**

2 動詞の過去分詞 CHECK 055

⑴ **spoken** ⑵ **helped** ⑶ **read**
⑷ **used**

3 過去，未来の受け身 CHECK 056

⑴ **be** ⑵ **was**

4 受け身の否定文 / 疑問文 CHECK 057

⑴ **Was** ⑵ **was this watch**

5 注意すべき受け身の文 CHECK 058

⑴ **with** ⑵ **of**

定期テスト対策問題

1 ⑴ **found** ⑵ **are closed**
⑶ **was written**

解説 受け身の文は，〈主語＋be 動詞＋過去分詞～.〉の形で表す。

2 ⑴ **isn't** ⑵ **Were** ⑶ **are**

解説 **be 動詞は，主語の人称と数，および現在か過去かによって使い分ける。**

3 ⑴ **are, used** ⑵ **invited, to**
⑶ **this, fruit, called**

解説 ⑴主語が English and French と複数なので，be 動詞は are を使う。

4 ⑴ **Was, painted, her**
⑵ **wasn't, caught** ⑶ **was, made**

解説 いずれも，「A は B を～する」という文を「B は A によって～される」という受け身の文に書きかえている。

5 ⑴ **Were, taken, by**
⑵ **is, not, cleaned**
⑶ **isn't, written, in**

解説 **受け身の否定文は be 動詞の後ろに not を入れ，疑問文は be 動詞を主語の前に出す。**

6 ⑴ **Most Japanese houses were made of wood**
⑵ **What is this bird called in English**
⑶ **My little brother was not invited to her concert**

解説 ⑴「～でできている」＝be made of ～。

7 ⑴ **with** ⑵ **at** ⑶ **to**

解説 ⑴ be covered with ～＝「～におおわれている」。
⑵ be surprised at ～＝「～に驚く」。
⑶ be known to ～＝「～に知られている」。

8 ⑴ **Is butter made from milk?**
⑵ **The book isn't [is not] read by a lot of people.**
⑶ **Where is this toy sold?**

解説 ⑴ be made from ～＝「～から作られる」。
⑶ at that shop は場所を表す語句なので，Where で文を始める。

11章 その他の重要表現

1 it の特別な使い方 CHECK 059

(1) **It was my birthday yesterday**
(2) **It is warm in Okinawa**

2 付加疑問 CHECK 060

(1) **wasn't** (2) **can**

3 感嘆文 CHECK 061

(1) **smart boy** (2) **How**

定期テスト対策問題

1 (1) **it, It's** (2) **is, it, It's**
(3) **is, it, It's** (4) **It's**

解説 (1)は時刻,(2)は曜日,(3)は距離,(4)は誕生日(日付)をたずねている。いずれも主語を it にする。

2 (1) **It, is** (2) **It, was**
(3) **It, will, be**

解説 いずれも**天候を表す文なので,主語は it。**
(1) today「今日」とあるので,be 動詞は現在形。
(2) yesterday「昨日」とあるので,be 動詞は過去形。
(3) tomorrow「明日」とあるので,未来を表す will を使う。

3 (1)**コウジは英語を話せますよね。**
(2)**あなた(たち)は宿題をするつもりですよね。**

解説 **付加疑問は,「~ですよね」などと相手に念をおしたり同意を求めたりする表現。**

4 (1)**オ** (2)**ウ** (3)**ア** (4)**カ** (5)**エ**

解説 (1) There is[are] ~. の文では,付加疑問にも there を使う。
(2)**否定文なので,付加疑問は肯定形になる。**
(3)動詞に s がついているので,付加疑問では does を使う。
(5)主語 These flowers は,付加疑問では they にする。

5 (1)**イ** (2)**イ**

解説 どちらの文も,驚きや喜びなどの感情を表す感嘆文で,「なんて~でしょう」という意味。

6 (1) **What** (2) **What** (3) **How**
(4) **this room is**

解説 (1)(2)(3)**後ろに名詞があれば What,なければ How が入る。**
(4) 〈How+形容詞[副詞]〉に続くのは〈主語+動詞〉の形。

7 (1) **What a long bridge**
(2) **How cute that doll is**
(3) **What a beautiful mountain that is**

解説 (1)「なんて長い橋なのでしょう!」〈What+a+形容詞+名詞!〉の形。
(2)「あの人形はなんてかわいいのでしょう!」〈How+形容詞+主語+動詞!〉の形。
(3)「あれはなんて美しい山でしょう!」〈What+a+形容詞+名詞+主語+動詞!〉の形。

12章 前置詞

1 前置詞の働きと使い方 CHECK 062

(1) **sit on the chair**
(2) **Look at the boy in**

2 場所を表す前置詞 CHECK 063

(1) **at** (2) **to**

3 時を表す前置詞 CHECK 064

(1) **by** (2) **before**

4 その他の前置詞 CHECK 065

(1) **by** (2) **with**

5 前置詞を含む熟語 CHECK 066

(1) **at** (2) **for**

定期テスト対策問題

1 (1) **in** (2) **on** (3) **on** (4) **at** (5) **in**
(6) **at**

解説 (3) **onは何かに接触していることを表す。**
必ずしも「上」になるとは限らないので注意。
(4)(6) at は「～で」という意味で，場所を「点」としてとらえる前置詞。

2 (1) **Tears came out of her eyes**
(2) **waiting for you around your house**
(3) **Look at the dog under the bench**

解説 (1)「～から（外へ）」は out of ～で表す。
(2) around は「～のまわりに［で］」という意味の前置詞。
(3)「～を見る」は look at ～。under は「～の下に［の］」という意味の前置詞。

3 (1) **at** (2) **in** (3) **in** (4) **at** (5) **on**

解説 **年や月，季節を表すときは in，日付や曜日を表すときは on，時刻を表すときは at を使う。**
(4) at the end of ～で「～の終わりに」という意味。

4 (1) **ア** (2) **イ** (3) **ウ** (4) **イ**

解説 (1) according to ～で「～によると」という意味。
(2) in front of ～で「～の前で［に］」という意味。
(3) be famous for ～で「～で有名である」という意味。
(4) take care of ～で「～の世話をする」という意味。

5 (1) **about** (2) **in** (3) **during**
(4) **to** (5) **by**

解説 (1)「～について」を表す前置詞は about。
(2)「～（言語）で」は〈**in＋言語名**〉で表す。
(3)「夏休みの間」なので，期間を表す during を使う。
(4) listen to ～「～に耳をかたむける / ～を聞く」。
(5)「～で」と交通手段を伝えるときは，〈**by＋交通手段**〉と表す。by の後ろには a や the はつかないので注意。

13章 品詞の整理

1 冠詞

CHECK 067

(1) **The** (2) **an**

2 名詞

CHECK 068

(1) **pen** (2) **piece**

3 代名詞

CHECK 069

(1) **one** (2) **something interesting**

4 形容詞

CHECK 070

(1) **any** (2) **much**

5 副詞

CHECK 071

(1) **always gets up** (2) **too**

定期テスト対策問題

1 (1) × (2) **a** (3) ×, × (4) **The, the**

解説 (1)「学校へ行く」と言う場合，学校の建物ではなく，本来の目的（通学する）を表すときは，school の前に a や the はつかない。
(4) earth（地球）と sun（太陽）はそれぞれ1つしかないものなので，どちらも the をつける。

2 (1) **children, child**
(2) **babies, woman** (3) **fish, men**

解説 (1) child（子ども）の複数形は children。
(2) baby は語尾が〈子音字＋y〉なので，**複数形は y を i にかえて es をつける。**
(3) fish の複数形は，単数形と同じ形。

3 (1) **a sheet[piece] of paper**
(2) **two glasses of water**

解説 (1)紙は sheet[piece] を使って数える。
(2)「水を2杯」と言う場合，water ではなく**器である glass を複数形にする。**glass の複数形は es をつける。

4 (1) **something, anything** (2) **Each**
(3) **other** (4) **ones**

解説 (2)動詞が3人称単数現在形の has なので，主語は**単数扱いの each。**all は複数扱い。
(3) each other で「おたがい」という意味。
(4)「地図（maps）」の代わりに使われている代名詞なので，ones と複数形にする。

5 (1) **some** (2) **any** (3) **any** (4) **no**

解説 (1)(2)(3)ふつう**肯定文では some，否定文・疑問文では any を使う。**否定文で any が使われると「1つも～ない」という意味。
(4)〈no＋名詞〉で「1つも～ない」という強い否定を表す。

6 (1) **イ** (2) **ウ** (3) **イ**

解説 (1) very（とても）は，修飾する形容詞・副詞の前に置く。
(2) early in the morning で「午前中の早い時間に」という意味。
(3) always（いつも）は，**一般動詞の前に置く。**

7 (1) **did you go yesterday**
(2) **I am too young for**
(3) **The girl plays the violin very well**

解説 (2)〈too＋形容詞[副詞]〉で「～すぎる」「あまりにも～」という意味を表す。

14章 現在完了

1 現在完了の意味と形 CHECK 072

(1) **have known** (2) **has played**

2 『完了・結果』を表す現在完了 CHECK 073

(1) **has just done**
(2) **has already opened**

3 『完了・結果』を表す現在完了の否定文 / 疑問文 CHECK 074

(1) **have not finished**
(2) **Have you opened**

4 『経験』を表す現在完了 CHECK 075

(1) **has played** (2) **have been to**

5 『経験』を表す現在完了の否定文 / 疑問文 CHECK 076

(1) **Have you ever heard**
(2) **They have never played**

6 『継続』を表す現在完了 CHECK 077

(1) **since** (2) **for**

7 『継続』を表す現在完了の否定文 / 疑問文 CHECK 078

(1) **has not used this dictionary for**
(2) **How long have you lived**

8 『動作の継続』を表す現在完了進行形 CHECK 079

(1) **been playing**
(2) **has been raining**

定期テスト対策問題

1 (1) **have been** (2) **has studied**

解説 現在完了は〈**have [has]** +過去分詞〉の形。

2 (1) **already, cleaned** (2) **has, just**

3 (1) **heard, once** (2) **seen, times**
(3) **have, been**

解説 (3)「～へ行ったことがある」は **have [has] been to** ～で表す。

4 (1) **been, since** (2) **known, for**
(3) **has, lived, since**

5 (1) **been, watching, since**
(2) **been, playing, for**

解説 現在完了進行形は，〈**have [has] been** +動詞の **ing** 形〉の形。

6 (1) **have not been busy since**
(2) **They haven't arrived here yet**
(3) **I have never climbed Mt. Fuji**
(4) **Has he wanted a new bike for**
(5) **Has Yui done her homework yet**
(6) **Have you ever read this book**
(7) **How many times has Lisa visited**
(8) **How long have they lived**

解説 (7) **How many times** で「何回」の意味。

15章 会話表現

定期テスト対策問題

1 (1)エ (2)ア (3)イ

解説 ケイト：アキ，気分が悪そうね。(1)どうしたの？ アキ：体調がよくないのよ。風邪をひいたんだと思うわ。ケイト：(2)それはお気の毒に。お医者さんに診てもらったほうがいいよ。アキ：そうするわ。ケイト：(3)お大事にね。早くよくなるといいわね。
ウは「私は熱があります。」という意味。

2 (1)ウ (2)エ (3)ア

解説 ミカ：久しぶりね，ジョン。難しい試験に受かったんだってね。おめでとう！ (1)頭がいいのね。ジョン：ありがとう。運がよかったんだ。ところで，次の日曜の夕方に持ち寄りパーティーをするんだ。きみも参加しないか？ ミカ：もちろん。(2)楽しみだわ。午後6時頃にあなたの家へ行くわ。(次の日曜日) ミカ：招待してくれてありがとう。ジョン：どういたしまして。(3)きみのシャツ，なんてすてきなんだ！ とても似合ってるよ。ミカ：ありがとう。
イは「よい1日を。」という意味。

3 イ

解説 トム：すみません。美術館にはどうやって行ったらいいですか。男性：ああ，簡単だよ。2つめの角で左に曲がると，右手にあるよ。
アは「美術館とは何ですか。」，ウは「美術館はここにありましたか。」，エは「あなたはその美術館が好きですか。」という意味。

4 (1)ウ (2)ア (3)イ

解説 ケビン：はじめまして。アヤ：はじめまして。(1)名前を教えてもらってもいいですか。ケビン：ぼくはケビンです。アヤ：こんにちは，ケビン。私はアヤです。今日の私たちのパーティーにようこそ。ケビン：招待してくれてありがとう。(2)ぼくのかばんをどこに置けばいいか教えてもらってもいいですか。アヤ：もちろん。(3)いっしょにこちらへ来てくれますか。
エは「ここで写真をとってもいいですか。」という意味。

5 (1)ウ (2)イ (3)ア

解説 テッド：きみは今週末に何か予定はある？ リナ：特にないわ。テッド：次の土曜日にぼくの家に来てテレビでサッカーの試合を見ない？ ミカとケンも参加するんだ。リナ：わあ，よさそうだね。もちろん，よろこんで。テッド：よし。3時に駅で会おう。リナ：わかった。そのときにね。(次の土曜日) テッド：やあ，リナ。スーパーに行こう。夕食の食べものが必要だろ？ リナ：あ，そうだよね。テッド：きみは何が食べたい？ リナ：ピザはどう？ テレビを見ながら食べやすいわ。テッド：それはいい考えだね。それを買おう。リナ：ええ，そうしましょう。それとサラダを作るのはどう？ 手伝ってくれる？ テッド：もちろん。
(1)文末がクエスチョンマークであることと直後が動詞の原形であることから，**Why don't you ～?**「～しませんか。」の文とわかる。
(2)2か所に同じものが入る。2つめの空所の次にリナがYes, let's. と言っていることから，**Let's ～.**「～しましょう。」が適切。
(3)(　　)のあとが，動詞の原形でなく～ingとなっていることから，**how about ～?**「～するのはどうですか。」が適切。

入試問題にチャレンジ

1

❶ (1)ウエアイ　(2)ウ　(3)ア

(解説) (1)「彼の誕生日パーティーは次の日曜日に催されるでしょう。」という文。will のあとに〈be 動詞＋過去分詞〉の受け身形が続く形。

(2)① A：私たちは今度の金曜日に修学旅行があります。天気はどうなるでしょうか。

B：私はテレビでチェックしました。天気は良くなりそうです。

② A：あなたの夏休みはいつ始まりますか，サクラ？

B：７月に始まります。

❷ (1)ウオイエアカ　(2)ア　(3)ア

(解説) (1)**don't have to ～ は「～する必要はない」**という意味。

A：あなたは私がこの英語の本を読むことができると思いますか。

B：はい，できると思います。あなたは難しい単語を知っている必要はありません。物語の概要を理解するように努めてください。

(2) may は「～するかもしれない」という意味の助動詞。**助動詞のあとは動詞の原形がくるので，**leave を選ぶ。

(3)**May I ～？は「～してもよいですか」**という許可を求める表現。よく使われる表現に「いらっしゃいませ。」という意味の May I help you? がある。

❸ (1)オアエイウ
(2)エウイア

(解説) (1)**Is there ～？で「～はありますか」**という意味。

A：次の土曜日に野球の試合を見に行く予定ですが，スタジアムで野球を見るのは私にとって初めてのことです。何か持って行くべきものはありますか。

B：そこではとても暑くなるでしょうから，水がたくさん必要になるでしょう。

(2) There で文が始まっているので，**「～があります」という意味の There is[are] ～. の文にする**と考える。

A：私は母の誕生日に何か買いたいです。

B：駅の前に花屋があります。そこで美しい花を買うことができます。

❹ (1) teaches us music
(2)①イエウア　②エイウカオア
(3) 例 I will [I am going to] give her some beautiful flowers.

(解説) (1)「彼女は私たちに音楽を教えます。」という文にする。**動詞のあとに「人＋もの」の語順で目的語が２つ続く文。**

(2)①〈show＋人＋もの〉の文。

②**〈make＋人＋～（形容詞）〉で「人を～（感情など）にする」という文になる。**

(3)**「人にものをあげる」は〈give＋人＋もの〉**や**〈give＋もの＋to＋人〉の語順で表す。**「～つもりです」は be going to や will を使って表せる。

❺ (1)①ウオエイア
② give you the hat if you like
(2)イ

(解説) (1)① when があるので，**〈when＋主語＋動詞～〉で文と文がつながっている形にする**と考える。

②接続詞 if があるので，文が２つ結びつけられた形になると考える。

(2)接続詞 when を使った文。意味のまとまりは when の前で区切る。

2

1 (1)**ウ**　(2)**ア**
(3)①**イエアウ**　②**ウオイエア**
③ **was hard for him to walk around**
(4)① **Fukuoka to see my aunt**
②**エウオイア**

(解説) (1)「～すること」は動名詞で表す。**動名詞は動詞に ing がついた形**。Learning を選ぶ。
(2) **by のあとに動詞がくるときは動名詞**になる。
(3)① **〈It is ～ for ― to ....〉**で「**―にとって…することは～です**」という意味の文になる。
② be afraid of ～ は「～を恐れる」という意味。Don't be afraid of ～「～を恐れてはいけません」のあとに動名詞 making mistakes「間違いをすること」が続いた形。
③ 〈it was ～ for ― to ...〉の文。
(4)① 「**～するために**」**という意味の副詞的用法の不定詞**を用いた文にする。
A：あなたはこの前の日曜日にどこかへ行きましたか。
B：はい。私はおばに会うために福岡へ行きました。
② 「**～するための…**」**という意味の形容詞的用法の不定詞**を用いた文にする。
A：ブラウンさんと話すことはできますか。
B：彼は忙しそうです，だから今彼はあなたの話を聞く時間はないと思います。

2 (1) **fast as you**
(2)**ウ**　(3)**イ**
(4)**エ**　(5) **worst**
(6)**オイエウア**

(解説) (1)「**…と同じくらい～**」**は as ～ as ...** で表す。
(2)「最も古い」なので最上級を使う。**最上級は形容詞＋est** の形。
(3)あとに of the three「3人の中で」が続くので，最上級が入ると判断する。
(4) A：あなたは何の季節が好きですか。
B：私は夏が好きです。私は海で泳ぐのが大好きです。あなたはどうですか。
A：私はすべての季節の中で春がいちばん好きです。花が美しいです。
B：なるほど。
(5)あとに in seven years「7年間で」という範囲を表す語句が続くので，最上級にすると考える。bad「悪い」の最上級は worst。
(6) **〈Which do you ～ better, A or B?〉は「A と B ではどちらのほうがより～ですか」**と比較をたずねる表現。

3 (1) **is loved by many**
(2)①**エアウオイ**
②**イウアエ**
③**イオアエウ**

(解説) (1)「**～される，されている**」**という受け身の意味は〈be 動詞＋過去分詞〉の形で表す**。「～によって」**という動作主を表す場合は by ～**をつける。
(2)①受け身の疑問文。What language のあとに **〈be 動詞＋過去分詞～ ?〉**が続く。
② **be made from ～ は「～から作られている」という意味で，材料が変質した場合を表す。材料が変質しないでそのまま残る場合は be made of ～** で表す。
(例) This chair is made of wood.
（このいすは木製です。）
③ 〈allow＋人＋to ～〉で「人に～することを許す」という意味を表すが，その「人」が主語になって受け身になった形。**be allowed to ～ で「～することを許される」**という意味になる。

3

1 (1)**ウ**　(2)**ア**　(3)**on**
(4)① **become a good player like her**
② **girls in red dresses**

解説　(1)「〜の下に」は under。
(2)「介助犬を伴った人」という意味にする。「〜を持っている，〜といっしょである」は with。
(3)「インターネットで」は on the Internet。
(4)① like には前置詞で「〜のように[な]」という用法もある。
②「〜(衣服など)を着て」というときに in を用いる。

2 (1)**イアエウ**
(2) 例 **I have traveled to Australia before.**
(3) **known**
(4)① **been**　② **been**

解説　(1)現在完了は〈have＋過去分詞〉で表す。この文は否定文〈have not＋過去分詞〉の形で，「まだ〜していない」の意味。あとの yet「まだ」から完了用法だと判断できる。
(2)「今までにしたこと」というこれまでにした経験を述べるので，現在完了の経験用法を用いるとよい。〈have＋過去分詞〉で表す。
(3) A：あなたとハナコはとても仲の良い友だちですよね。
B：はい。私たちは8年間お互いを知っています。
「8年間お互いを知っています」＝「8年間知り合いです」という意味にする。
(4)①② be 動詞の過去分詞は been。

3 (1)①**ア**　②**エ**
(2) **can I get to**
(3) 例 **What's the matter?**
(4)**ウイエア**

解説　(1)① A：ああ，マークは自分のテニスラケットを置いていきました。
B：ほんとうに？　彼は今日放課後の部活動でそれが必要だと思います。
A：はい。彼にそれを持って行ってくれますか。
B：わかりました，そうします。
② A：もしもし，こちらはボブです。マイクはいますか。
B：すみませんが，彼は今いません。伝言を残しますか。
A：いいえ，けっこうです。あとでかけなおします。
B：わかりました。彼が帰宅したらあなたから電話があったことだけ彼に伝えますね。
(2) A：すみません。わかば駅へはどう行けばいいですか。
B：約5分間まっすぐ行ってください。左側にあります。
A：ありがとう。
(3) A：あなたは具合がよくなさそうです，サム。どうしたのですか。
B：うーん，おなかが痛いです。
(4)ウ「もしもし。ブラウンさんの事務所です。」
イ「こちらはトム・スミスです。ブラウンさんをお願いしたいのですが。」
エ「すみません，彼は今忙しいです。」
ア「わかりました。あとでかけなおします。」

さくいん

INDEX

☞ 青字の項目は，特に重要なものであることを示す。**太字**のページは，その項目の主な説明のあるページを示す。

日本語（アイウエオ順）

英語（アルファベット順）

Y

編著者紹介

金谷　憲

かなたに・けん

東京学芸大学名誉教授。

東京大学大学院人文科学研究科修士課程，教育学研究科博士課程及び米国スタンフォード大学博士課程を経て(単位取得退学)，32年間，東京学芸大学で教鞭を執る。現在，フリーの英語教育コンサルタントとして，学校，都道府県その他の機関に対してサポートを行っている。専門は英語教育学。研究テーマは，中学生の句把握の経年変化，高校英語授業モデル開発など。全国英語教育学会会長，中教審の外国語専門部会委員などを歴任。1986年より３年間NHK「テレビ英語会話Ⅰ」講師，1994年から２年間NHKラジオ「基礎英語２」監修者。著書に，『英語授業改善のための処方箋』(2002，大修館書店)，『和訳先渡し授業の試み』(2004，三省堂)，『英語教育熱』(2008，研究社)，『教科書だけで大学入試は突破できる』(2009，大修館)，『高校英語授業を変える！』(2011，アルク)，『高校英語教科書を２度使う！』(2012，アルク)，『中学英語いつ卒業？』(2015，三省堂)，『高校生は中学英語を使いこなせているか？』(2017)，『高校英語授業における文法指導を考える』(2020)など。

□ 執筆者　増渕素子　内田 陽　前田宏美

□ 編集協力　㈱ダブルウイング　㈱カルチャー・プロ　今居美月　鹿島由紀子　木村由香　松平香奈　福家香織

□ 英文校閲　ドルファス絵理香　Alyxandra Mazerov

□ アートディレクション　北田進吾

□ 本文デザイン　堀 由佳里　山田香織　畠中脩大　川邉美唯

□ イラスト　八重樫王明　小林孝文（AZZURRO）

□ 録音　高速録音㈱

□ ナレーション　Ananda Jacobs　Greg Dale

シグマベスト

くわしい 中２英語

編著者　金谷　憲

発行者　益井英郎

印刷所　中村印刷株式会社

発行所　株式会社文英堂

〒601-8121　京都市南区上鳥羽大物町28

〒162-0832　東京都新宿区岩戸町17

(代表)03-3269-4231

●落丁・乱丁はおとりかえします。